Robert Hamerling

Danton und Robespierre

Robert Hamerling

Danton und Robespierre

ISBN/EAN: 9783957001603

Auflage: 1

Erscheinungsjahr: 2014

Erscheinungsort: Norderstedt, Deutschland

Hergestellt in Europa, USA, Kanada, Australien, Japan
Verlag der Wissenschaften in Hansebooks GmbH, Norderstedt

Cover: Sandro Botticelli "Die Verleumdung des Apelles" (1495)

Danton und Robespierre.

Tragödie in fünf Aufzügen

von

Robert Hamerling.

Zweite Auflage.

Hamburg.
J. F. Richter.
1871.

Danton und Robespierre.

— his individual self is lost in something that is not himself, but foreign though inseparable from him. Strange to think of, the mans cloak still seams to hold the same man: and jet the man is not there; nor the source of what he will do and devise; instead of the man and his volition there is a piece of Fanaticism and Fatalism incarnated in the shape of him. He, the hapless incarnated Fanaticism, goes his rood; no man can help him, he himself least of all. It is a wonderful, tragical predicament — —

Carlyle, *french revolution.*

Vorwort.

Die Verwahrung gegen eine theatralische Aufführung, welche sich an der Spitze dieses Werkes findet, bedarf einer Begründung. Sie entsprang der erst nach Vollendung des Werkes dem Autor in voller Klarheit sich aufdrängenden Ueberzeugung, daß bei den eigenthümlichen Verhältnissen des deutschen Theaters, bei dem Umstande namentlich, daß die größeren Bühnen Deutschlands höfische Institute sind, die einen revolutionären Stoff, wie den hier behandelten, von vorn herein ausschließen, nur solche Bühnen damit einen Versuch machen könnten, bei welchen er entschieden mißlingen müßte. Zu groß ist die Anzahl der in diesem Stücke auftretenden Personen, zu beträchtlich des Werkes Umfang selbst, von welchem ohne bedeutende Schwächung der Gesammtwirkung nichts preisgegeben werden kann.

Es soll aber nicht geleugnet werden, daß vorliegende Tragödie, weit entfernt, als Buchdrama angelegt zu sein, im lebendigsten Hinblick auf die Bühne geschrieben worden. Die Leser des „Ahasver in Rom" und des „Königs von Sion" werden einen Beweis dafür in der Strenge finden, mit welcher hier der Dichter Maß gehalten hat — mit welcher er die geschichtlichen Voraussetzungen und Motive so übersichtlich, einfach, und faßlich als möglich gestaltete — und mit welcher er die bei solchem Stoffe naheliegende Versuchung von sich wies, dem romantischen Kraftstil, dessen bestechendes Muster in den barock=genialen Revolutionsscenen Büchners vorliegt, die Naturwahrheit des Ausdrucks und der Charaktere zu opfern.

„Danton und Robespierre" ist ein Versuch, für die Bühne zu schreiben; und auch wenn ihm die Bühne selbst verschlossen bleiben muß, wird das öffentliche Urtheil, sich über diesen ersten Versuch aussprechend, bezüglich der weiteren ihre Forderungen stellen können, denen eine dankbare Aufnahme gewiß ist, zumal wenn sie mehr besagen, als etwa, daß der Autor sich künftig „kürzer fassen", und seine tragischen Conflikte mehr auf jene Leidenschaften gründen solle, die, unmittelbar zum Herzen sprechend, der großen Menge gegenüber eine altbewährte, sichere Bühnenwirkung üben. —

Zu nahe liegt unsern Tagen noch die in diesem Drama geschilderte Zeit, als daß eine Entfernung von der ge=

schichtlichen Wahrheit auch nur im Detail verstattet gewesen wäre. Die Gestalten Dantons und Robespierres stehen wesentlich in diesem Werke nicht anders da, als die Geschichte selbst sie zeigt. Zu bemerken ist aber, daß die Geschichte nicht identisch ist mit den von verschiedenen Lehrern höherer und niederer Schulen herausgegebenen „Weltgeschichten". Diejenigen, die Robespierre nur aus letzteren kennen, und nicht mehr von ihm wissen, als daß er ein „ehrsüchtiger, neidischer, heuchlerischer, feiger und blutdürstiger" Mensch gewesen, welcher den „ehrlichen", „edlen" und „genialen" Danton bei Seite geschafft einzig aus Bosheit und aus kleinlichem Neid — wie auch diejenigen, welchen es durchaus nicht einleuchtet, daß man uneigennützige Zwecke verfolgen, und doch eine Beute der unseligen Verirrung werden kann, sie mit gewaltthätigen Mitteln durchsetzen zu wollen — sie mögen dies Buch nicht aufschlagen, denn es würde sich mit ihnen nicht verständigen können.

Dem deutschen Publikum wird diese Gabe dargeboten in einem Augenblick, in welchem der elektrische Draht täglich die Erfindungsgabe aller Poeten beschämt. Die Geschichte ist in ein neues Stadium getreten. Das Frankreich Robespierres erscheint nach dem Tage von Sedan für den Augenblick, — aber auch nur für den Augenblick — beinahe vorsündflutlich. Zwei Tendenzen beherrschen die Gegenwart: die nationale und die social-politische. Wer ein tieferes Verständniß hat für das Wehen des Zeitgeistes, dem ist es eine Thatsache — die als solche hingenommen werden muß, sie mag gefallen oder nicht — daß gewisse nationale Fragen noch vor der social-politischen zur Lösung drängen. Aber doch nur eine Episode ist der Kampf, den die Nationalitäten unter sich ausfechten wollen, bevor sie gefahrlos und ohne Mißtrauen sich verbrüdern, in der großen Bewegung der modernen Zeit, und nur vorübergehend kann eine Darstellung, wie die der Bestrebungen jener ersten Vorkämpfer einer neuen Ordnung der Dinge, außerhalb der geistigen Tagesströmung stehend erscheinen.

Graz, im November 1870.

R. H.

Personen.

Danton, Mitglied des National-Convents.
Robespierre, Mitglied des National-Convents und des Wohlfahrtsausschußes.
Couthon, } Anhänger Robespierres.
St. Just,
Camille Desmoulins
Herault de Sechelles
Fabre d'Eglantine } Anhänger Dantons.
Philippeau
Lacroix
Henriot, Commandant der Nationalgarde.
Hebert
Chaumette } Mitglieder des Rathes der Gemeinde von Paris
Cloots, Anhänger ihrer Partei.
Tallien
Billaud Varennes
Collot d'Herbois } Mitglieder des National-Convents.
Barère
Vadier
Lebas
Carrier } Commissäre der Regierung.
Die Marquise von St. Amaranthe.
Die Gräfin Cabarrus.
Madame Theot.
Lucile, Camille Desmoulins' Gattin.
Lambertine von Mericourt.
Duplay, Tischler.
Madame Duplay, seine Gattin.

Eleonore \
Therese / seine Töchter.

Der kleine Duplay.

Momoro, ein Buchhändler.

Ein Schreiber.

Ein Bauer.

Ein Stelzfuß.

Ein Zeitungsausrufer.

Eine Porträtmalerin.

Der Herzog von Chartres.

Ein alter Marquis.

Der Vicomte von Belleville.

Die Vicomtesse, seine Gemahlin.

Der Abbé Galiaud.

Der Dichter Chenier.

Der Maler David.

Zwei Banquiers.

Ein alter Herr.

Ein Kunstkenner.

Die „Sibylle von Montmorency".

Ein Abgesandter des Jacobinerclubs.

Eine verhüllte Gestalt.

Conventsmitglieder. Räthe der Gemeinde von Paris. Royalisten. Bürger. Sansculotten. Weiber. Landleute. Eleven der militärischen Schule. Gefangene. Gäste. Bittsteller. Volk.

Der Schauplatz: Paris, 1793--1794.

Aristokraten abgezogen, weil er auf keine andere Weise ein Sansculotte werden wollte. Ça ira!

Weiber (den Landmann umringend) Komm auf ein Tänzchen, Bäuerlein! komm, wir tanzen die Carmagnole!

Sansculotte (zum Landmann, ihm in's Ohr schreiend) Ça ira gesungen, du Schelm, Ça ira!

Landmann (ängstlich) Verzeiht, ich bin gar nicht musikalisch!

Sansculotte. Höre, Kerl, wenn du nicht dümmer bist als die Rinder in deinem Stall, so mußt du Ça ira brüllen können so gut als Einer —

Landmann. Verzeiht, ihr Herrn —

Sansculotte. „Ihr Herrn!" Habt ihr's gehört? An die Laterne mit dem Schuft!

Bürger. Laßt ihn laufen; er ist volle sechs Jahre taub gewesen und erst heute wieder geheilt worden.

Sansculotte. Dann hätte das Erste, was er hörte, sein sollen, daß es keine Herren mehr gibt. Nicht einmal der Mainzer Nachtwächter singt mehr: „Lobet Gott den Herrn!" sondern „Lobet Gott den Bürger!" — Schlingel! kein Franzose benennt jetzt mehr den andern Herr, sondern —

Landmann. Ich begreife — man sagt jetzt Kerl, Tropf, Schlingel, Schelm und so dergleichen —

Sansculotte. Was?

Landmann. Ihr titulirt mich so —

Sansculotte. Dummkopf, das ist was Anderes. Bürger sind jetzt alle Franzosen, hörst du? nicht mehr noch weniger!

Landmann. So sind wir's draußen auch in der Provinz, so gut als ihr, und können ein Wort mit d'rein reden?

Sansculotte. „D'rein reden?" Hört ihr Leute? Der

Kerl ist ein Föderalist! ein verlaufener Girondistenknecht! er faselt von Autonomie der Provinz!

Weiber. Hängt ihn, hängt ihn! es ist ein Föderalist! (man will ihn ergreifen.)

Landmann (ängstlich schreiend) Scharwache! Polizei! Zu Hilfe! — Mörder! Räuber! Diebe! Zu Hilfe! (Einige lachen.)

Weiber. Er nennt Sansculotten Räuber und Mörder! An die Laterne!

Allgemeines Geschrei. An die Laterne! (man ergreift ihn.)

Der Sansculotte (dazwischen tretend) Einen Augenblick, Brüder! Keine blinde Wuth! — Wenn man Septembermann gewesen, wie ich, so weiß man, wie das rechte Verfahren in solchen Dingen ist. — Höre, Schlingel!

Landmann. Was hab' ich denn verbrochen?

Sansculotte (würdevoll) Mit dieser Frage vertheidigt sich kein französischer Bürger und Patriot. Ob Föderalist oder nicht — ich will dir beweisen, daß du zehn Mal gehängt zu werden verdienst, auch wenn du der republikanischen Freiheit nie ein Haar gekrümmt haben solltest. Ich frage dich bloß: Was hast du gethan für die Freiheit? Wie hast du dich compromittirt für die Freiheit? Was hast du gethan, um gehängt zu werden, wenn eine Reaction einträte und die Gemäßigten an's Ruder kämen? —

Landmann. Ich? O — wartet nur, ich besinne mich — ja, seht, es fällt mir etwas ein — Ich fand einmal im Wald einen halbverhungerten Mann unter einem Haufen dürrer Streu versteckt — der machte mir solch' jämmerlich flehende Zeichen — denn hören konnt' ich nur wenig von wegen der Taubheit — daß ich ihn mit nach Hause nahm, ihn labte, und in aller Stille beherbergte. Als er abzog, vergaß er in der Dachstube etliche zerknitterte Papiere, aus welchen ich ersah, daß es ein gar wichtiger Mann gewesen sein mußte, Einer von denen, die jetzt hier in Paris regieren — so Einer aus eurem — wie heißt's doch gleich? hab' heute davon gehört — aus eurem National-Convent — Sah' auch aus den Papieren, wie er hieß. Er hieß Bri - ja, es fällt mir schon ein, Brissot — (große Sensation im Volke, dann wildes Geschrei: Verräther! Verräther! Schurke!)

Sansculotte. Still! — (zum Landmann) Unglücklicher! du hast das Haupt der dem Henker verfallenen Girondisten und Föderalisten, der Gemäßigten, der heimlichen Volksverräther bei dir beherbergt! — Mensch, deine Sache ist eine verlorene Dir ist nicht mehr zu helfen! — Hängt ihn!

Volk. An die Laterne!

Ein Bürger. Ach, laßt ihn doch; Ihr seht ja, daß er ein Dummkopf ist, und sechs Jahre lang ist er taub gewesen —

Einige Stimmen. Was? der Gewürzkrämer vertheidigt ihn? Auch ein Verräther!

Bürger. Bin ich nicht ein guter Patriot? Hab' ich nicht kürzlich bei großer Hungersnoth meinen Zuckervorrath pfundweise an's Volk vertheilt, ohne Entgelt?

Ein Fischweib. Du betrogst uns mit dem Gewicht! Als ich mein Pfund zu Hause nachwog, da fehlte d'ran ein halbes Loth!

Weiber. Hängt sie alle Beide!

Einer aus dem Volk. Hier vor dem Bücherladen des wackeren Patrioten Momoro! (Man zerrt den Bauer gegen den Laternenpfahl, der vor Momoro's Laden steht.)

Momoro (tritt aus der Thür, sein Käppchen, das er auf dem kahlen Kopfe trägt, lüftend) Guten Morgen, Sansculotten! Was belieben die freien Männer und edlen Bürger zu treiben hier vor meiner Thür?

Einer aus dem Volk. Guten Morgen, Bürger Momoro! Wir hängen einen Föderalisten, einen Girondistenknecht —

Momoro. Gerade hier vor eines Patrioten Thür? — Laßt das bleiben, ehrenwerthe Bürger der Republik! Wozu haben wir denn das Revolutionstribunal, das ja ohnedies im Ganzen wenig zu wünschen und wenig zu hängen übrig läßt? Und überhaupt, thut mir den Gefallen, hängt Keinen, bevor er die neuesten Broschüren gelesen hat, die in meinem Buchladen soeben erschienen. Wenn ihr einen solchen Menschen tödtet, so verfault der Kerl unnütz unter der Erde und labt höchstens die Würmer. Wenn ihr ihm aber Zeit laßt, die neuesten Broschüren zu lesen, so könnt ihr den widerhaarigsten Aristokraten in einen feuerspeienden Patrioten verwandeln, der hingeht, und sich mit Freudenthränen in den Augen jeden Augenblick für die Republik todtschlagen läßt. Ich frage: was ist besser? — Da seht einmal: (er weist einen Pack Flugblätter und Broschüren vor) „Neueste Trauerrede auf den Tod des göttlichen Marat" — „Laternenpfahl und Guillotine; fliegende Blätter für Freiheit, Gleichheit und allgemeine Menschenliebe" — „Neuer und unfehlbarer Plan, royalistische Städte binnen drei Tagen mit Nelkenöl in die Luft zu sprengen" —

Volk. Hoch Momoro, der Patriot!

Momoro. Es lebe die Republik! — Alles für wenige Sous! — (Viele drängen sich herbei, die Blätter zu kaufen.)

Sansculotte. Du verkaufst deine Scharteken zu theuer, Bürger Momoro!

Momoro. Keinen Sou verdien' ich dran. Ihr kennt mich.

Ein Zeitungsausrufer. Der „Vater Duchêsne!" Der „Vater Duchêsne" von heute! Zwei Sous das Blatt! — Er ist verzweifelt wild heute, der Vater Duchêsne! — Kauft das Journal des gefeierten Patrioten Hebert! in 30 000 Exemplaren verbreitet! Er ist verzweifelt wild heute der Vater Duchêsne! —

Momoro (nachspottend) „Er ist verzweifelt wild heute, der Vater Duchêsne!" So ruft er alle Tage. 30,000 Exemplare? Allen Respect vor dem Bürger Hebert, aber ich habe mir sagen lassen, daß ganze Stöße seines Journals gratis in die Gasthöfe wandern — „für die Bedürfnisse der Reisenden" — hahaha! für die „Bedürfnisse" der Reisenden! — Das Gediegenste, was aus den Federn der Patrioten fließt, findet man doch immer noch bei Momoro. In meinem Hinterstübchen haben schon unter dem Königthum die radicalsten Männer Club gehalten, und halten da noch Club heutigen Tages —

Zeitungsausrufer (spottend) Ja, Graukopf, sie halten Club bei deinem jungen Weibchen —

Momoro. Tropf! sie bringen ihr den neuen republikanischen Kalender bei, der den Weibern so schwer in den Kopf will. Und mehr! noch mehr! O, die Patrioten wissen den alten Momoro zu schätzen, und um ihn zu ehren, haben sie, müßt ihr wissen, keine Andere als eben sein Weibchen zur Göttin der Vernunft erkoren. Schon am frühen Morgen ist sie heut abgeholt worden auf das Stadthaus, damit man für das Fest sie würdig herausputze. Nun, ihr werdet sehn! Auf diesem selben Platze wird sie prangen.

Zeitungsausrufer. Und dir werden zur Feier des Tages die Hörner vergoldet?

Volk. Es lebe Momoro und sein Weibchen!

Momoro (zu einem Manne, der ein Placat an die Mauer klebt) Mensch, du klebst ja dein Placat hier über ein anderes —

Der Mann. Ach, das alte ist ein gemäßigtes; das da aber ist von der Commune —

Volk (das sich indeß immer zahlreicher gesammelt) Von der Commune? laßt doch sehen!

Einer aus dem Volk (lesend) „Hebert und Chaumette laden das souveräne Volk zum heutigen Feste der Vernunft, das denkwürdig bleiben wird für alle Zeiten." —

Volk. Hoch Hebert! Hoch Chaumette! Hoch die Republik! Ça ira! (die Weiber tanzen.)

Ein Stelzfuß (im Gedränge) Heissa! springt und brüllt wie ihr wollt, aber tretet einem verdienten Krieger der Republik sein hölzernes Bein nicht weg!

Der Sansculotte (auf ihn zugehend) Was seh' ich? Battiste Du wieder in Paris? Verflucht — dein Bein —

Stelzfuß. Hainbüchenes Kernholz —

Sansculotte. Brav gefochten für die Republik? Nicht Tod noch Teufel gefürchtet? Nie in Gefangenschaft gerathen?

Stelzfuß. Bin ein einziges Mal von feindlichen Reitern allein überfallen worden, und da waren ihrer bloß vier —

Sansculotte. Viele Strapazzen ausgestanden?

Stelzfuß. Donnerwetter! ihr habt es leicht hier im warmen Paris als Ohnehosen herumzulaufen: aber im Feld campiren und auf Vorposten stehen, ohne Schuh', in einer Kälte, bei welcher die Kinder im Mutterleibe erfrieren, so daß wir Schießpulver in den Branntwein thun mußten, um uns den Magen zu erwärmen! dann wieder Taglang fechten in der Sonnenglut —

Sansculotte. Ach was schadet das dem Krieger im Eifer des Gefechts?

Stelzfuß. Natürlich, wenn dir eine Kanonenkugel den Kopf wegreißt, so stirbst du nicht am Sonnenstich —

Einer aus dem Volke. Bist du nicht der, den sie als jungen Burschen den kleinen Barbier nannten — Gehilfe beim Barbier Flatte in der Straße Pompadour?

Stelzfuß. Der bin ich und habe mein Handwerk nicht verlernt

Zu Lille, wenn eine Bombe niederflog
Und vor mir platzte, griff ich eine Scherbe
Vom Boden auf, gebrauchte sie als Schüssel
Mit Seif' und Wasser, und rasirte dann
So zwanzig Kameraden auf dem Fleck. —
Ei, das gefiel euch wohl hier in Paris,
Wenn die Armee mit den geschwung'nen Fahnen
Wegwedelte von Frankreichs Leib des Ausland's
Schmeißfliegenschwarm, der zahllos es umschwirrt —
Wenn ihr vernahmt, daß wir so Sieg auf Sieg
Erfochten, dachtet ihr da hinter'm Ofen
Wohl auch daran, wie oft wir barfuß liefen
Und nichts zu beißen hatten, als Patronen,
Und oft nicht einmal die? —

Sansculotte. Was? lassen nicht die Weiber von Paris ihre Männer zerrissen laufen, um Zelttücher und Uniformen für euch zu nähen? behelfen wir uns nicht statt der klingenden Münze mit lumpigen werthlosen Assignaten? Was? wir nicht an Euch gedacht? Und sind wir etwa müßig gewesen, indeß ihr im Felde standet? In den Septembertagen hättest du hier sein sollen —

Stelzfuß. Kann mir's denken — erinnere mich noch recht gut, wie du vor drei Jahren einmal bei einem Volksfeste dem Pferde des Generals Lafayette, ohne daß es der General merkte, den Schweif an einen Laternenpfahl bandest, weil die Stute damit immer dir und Andern, die hinter dir standen, in's Gesicht flunkerte —

Sansculotte. Possen! Aber in den Septembertagen —

Stelzfuß. Ist es denn wahr, daß ihr in diesen Septembertagen zuletzt auch die sämmtlichen seltenen Thiere in der Menagerie von Versailles habt über die Klinge springen lassen?

Sansculotte. Was? Die sämmtlichen seltenen Thiere? Nein, nur die Löwen und die Adler, weil das die Könige der Thiere sind, und dann, was die sogenannten Wappenthiere sind, wie sie die Aristokraten in ihren Wappen hatten —

Stelzfuß. Teufelskerle! Wie kam euch denn das so auf einmal?

Sansculotte. Weiß nicht — Auf einmal, sagst du? Gar nicht auf einmal. Es kam so nach und nach wie der Appetit mit dem Essen —

Stelzfuß. Was sagten denn die Gemäßigten?

Sansculotte. Kein Wort. Hinter den Sansculotten stand die Commune, und diese selber deckte der breite Rücken Dantons, der sich damals eben zum ersten Mal aufgerichtet hatte als ein brüllender Leu. Gegen den waren die Andern nur ein Rudel bissiger Hunde. Jetzt ist er träg geworden, und überhaupt, wie alles große Gethier, nicht so beständig munter und beißlustig wie die kleineren Kläffer —

Einer aus dem Volk. Ah, diesem Simson haben's auch die Weiber angethan —

Sansculotte. Ja, ja, doch sag' ich euch,
 Steht der noch einmal auf, so lang er ist,
 Stößt er die Decke durch und reißt die Säulen
 Im Tempel um, grad' wie der Simson auch —

Ein Anderer. Ach was, der steht nicht wieder auf. Den hat der And're unter sich gebracht. Und dieser And're ist schlau —

Stelzfuß. Wer?

Sansculotte. Ei wer? Hast du von Robespierre im Lager nichts gehört?

Stelzfuß. Robespierre? Robespierre? Ist das das kleine steife Männchen, das man spottweise das „Talglicht von

Arras" nannte, weil er von Arras kam, und gern glänzen wollte, aber nicht heller flackerte als eine Talgkerze? Sie lachten ihn immer aus, wenn er in der Nationalversammlung sprechen wollte —

Sansculotte. Das war damals. Der führt jetzt im Nationalconvent, im Wohlfahrts=Ausschuß, im Jakobiner=Club das große Wort.

Stelzfuß. Ich sah ihn einmal — nur von fern. Trägt er nicht Brillen?

Sansculotte. Nein.

Stelzfuß. Es kam mir doch so vor.

Sansculotte. Er hat ein gelbes Gesicht und bläulich grünliche Ränder um die Augen — die wirst du in deiner Einfalt aus der Entfernung für Brillen gehalten haben —

Stelzfuß. Bleich im Gesicht?

Sansculotte. Gelb — grau — nein, eigentlich — wie soll ich sagen?
Seegrün, wenn man's genau nimmt — tiefe Augen
Und widerhaar'ge Brau'n — Ein schlichtes Männchen,
Nichts gegen Danton! Aber wenn vor dir
Hier Danton steht, der mächtige Koloß,
Und dort das schneid'ge Männchen Robespierre,
Sprichst du mit dem frei von der Leber weg
Wie mit dem jovialsten Kameraden,
Und vor dem Andern stockt die Rede dir
Im Schlund — nicht grad' als ob er dich so dreist
Ansäh', im Gegentheil, sieht eher etwas schüchtern
Und unbehilflich aus vor vielem Volk —
Doch geh' nur einmal auf die Galerie
Des Nationalconvents, sobald er spricht:
Da kennst du ihn nicht mehr. Wenn festen Schritt's
Er steigt zur Rednerbühne, wird's so still,

Daß du die Mäuschen pfeifen hören kannst
In ihren Löchern. Steht er Anfangs dann
Aufrecht und ruhig droben wie ein Pfahl
Und spricht gelassen, denkst du: nun, er spricht nur eben
Wie ein Schulmeister, oder wie ein Pfaff
Spricht auf der Kanzel — Plötzlich aber wirft
Er ein paar Worte hin mit einer Stimme,
So kalt und scharf, wie Stahl — in einem Ton,
Daß dir ein Schauer über'n Rücken läuft —
Und fängt dann gar der Winkel seines Mundes
Zu zucken an, und ruft er bittersüß
In seiner scharfen, schneidigen Manier:
„Du armes Volk!" und „Tugendhaftes Volk!"
Da packt dich was im Herzen wie ein Krampf:
Du legst die Hand an's Messer, wenn du eins
Verbirgst an deiner Brust, und möchtest gern
Dich vor ihm niederwerfen und ihn fragen,
Wen du zuerst von den verfluchten Feinden
Der Republik damit durchstoßen sollst. —
Zuweilen aber schweigt er Wochen lang
Und läßt die Andern reden. Es geschehn
Viel Dinge noch, von welchen man nicht weiß,
Ob sie ihm lieb sind oder leid. Zuweilen
Lavirt er bloß und wartet auf den Wind.

Eben in letzter Zeit ist er wieder sehr schweigsam geworden — man weiß nicht genau, was er denkt von Hebert und Chaumette. So viel ist gewiß: wenn er und seine beiden Busenfreunde, der junge St Just, und der alte, lahme Couthon, die Köpfe zusammenstecken, so ereignet sich bald was Großes —

Ein Schreiber der Commune (erscheint mit Handlangern, welche Bretter und Handwerksgeräthe mit sich tragen) Platz da! Platz,

Sansculotten! Das Gerüst für die Göttin der Vernunft und für die Redner wird aufgeschlagen! Der Festzug wird in kurzer Zeit dasein!

Volk. Ça ira! es lebe die Göttin der Vernunft!

Schreiber (zu den Handlangern) Hieher, ihr Leute! in der Mitte des Platzes! Notre Dame gerade gegenüber! (die Handlanger machen sich an die Arbeit.)

Ein Weib. Seht nur, daß es nicht wieder so geht, wie im vorigen Jahr bei ähnlicher Gelegenheit, wo sich ein paar Kerle unter den Brettergrund des Gerüstes versteckten, — vermuthlich um die Männer und Frauen, die darauf standen, in die Luft zu sprengen — bis man sie entdeckte, hervorzog, und todt schlug —

Der Schreiber (schäkernd) Ach, das waren bloß ein paar Verehrer eures Geschlechts, die durch die Ritzen heraufblinzelten ... Was läge dran, wenn man heut auch der Vernunft ein wenig nach den Waden gukte? Sein Augenmerk auf die Vernunft und all' ihr Detail zu richten, ist ja fortan Bürgerpflicht!

Weiber (ihn umringend) Du Schelm! — Werden sie bald da sein?

Schreiber. Sogleich.

Weiber. Heissa, gleich werden sie da sein! Es lebe Hebert und Chaumette! es lebe die Commune! es lebe der Convent! es lebe Danton! es lebe Robespierre!

Schreiber. Was Convent? Was Danton und Robespierre? An die Commune haltet euch, an die Räthe und Väter der Stadt! Wer sorgt für das Volk von Paris? he? Im Convent parlamentiren und debattiren die Volksvertreter und machen die hohe Politik; im Wohlfahrtsausschuß sitzen Robespierre und St. Just und Couthon, und Barère, und Collot d'Herbois u. s. w.

und sorgen für Inneres und Aeußeres, für Finanzen und Krieg, und für's Kopfabhacken, und für Alles, nur nicht dafür, daß das Volk von Paris zu essen habe in diesen schweren Zeiten. Wer schwitzt Blut und zerbricht sich Tag für Tag den Kopf, um neue Maßregeln zu ersinnen, wie man die Kaufleute zwingen kann, billig und gut zu verkaufen? He? Die Räthe der Commune. Wer sorgt dafür, daß es wenigstens an trockenem Brode nicht ganz mangelt, und daß ihr nicht völlig nackt laufen müßt wie Regenwürmer? He? wer? Die Räthe der Commune!

Volk. Es lebe die Commune!

Schreiber. Wer hat die ganze Nationalgarde von Paris in seiner Hand? Die Commune. Wer könnte wenn er wollte, jeden Augenblick die Reactionäre im Convent zu Paaren treiben und den Convent selber sprengen? Die Commune. Wo ist der wahre Fortschritt zu finden? Bei der Commune. Wem verdankt ihr das heutige Fest, und den Sieg der Vernunft über Gewaltherrschaft und Aberglauben besiegeln soll? Der Commune! Hebert und Chaumette, den Häuptern der Commune!

Volk. Es lebe die Commune! es leben Hebert und Chaumette!

Ein Bürger (zu seinem Nachbar) Ist es denn wahr, was man hört, daß dieser Hebert einmal Billetverkäufer beim Theater war?

Der Nachbar. Ja Aber er ist ein guter Patriot —

Der Bürger. Und daß er sich dabei verschiedene Gaunereien hat zu Schulden kommen lassen?

Der Nachbar. Ja. Aber er ist ein guter Patriot —

Der Bürger. Man sagt, er habe gelegentlich silberne Löffel eingesteckt —

Der Nachbar. Aber er ist ein guter Patriot, sag' ich euch —

Der Bürger. Er geht schmutzig einher, wie Marat einherzugehen pflegte —

Ein Sansculotte (den Bürger am Halse fassend) Was, du Schuft? du lästerst Hebert?

Andere. Hat er das gethan? An die Laterne!

Einer aus dem Volk. Ich kenn' ihn. Er ist Wachskerzenhändler; er liefert Wachskerzen für Dorfkirchen. Darum ist er ein Reactionär, ein Feind der Commune. An die Laterne!

Geschrei von herankommenden Weibern (hinter der Scene) Ça ira! (sie treten auf die Bühne)

Volk. Was ist's?

Die neu angekommenen Weiber. Lambertine kommt! Die schöne Lambertine von Mericourt, mit ihren Getreuen. Sie wird die Weiber beim Feste der Vernunft vertreten!

Stimmen. Lambertine wieder in Paris?

Die Weiber. Da ist sie (Frauen und Mädchen, alle in frechem Kostüme, rothe Pantalons, rothe Mützen, Cocarden in den Haaren, mit Piken bewaffnet, die mit Kränzen behangen sind, Pistolen im Gürtel, treten auf, darunter Lambertine von Mericourt.)

Volk. Hoch Lambertine! hoch die Sansculottenheldin von Paris!

Lambertine (nickt zum Dank.)

Einzelne Stimmen. Die schöne Lambertine wieder in Paris?

Lambertine. Ja — ist wieder in Paris - gehört wieder dem Volke von Paris —

Stimmen. Wo stecktest du? wer hatte dich uns auf so lange Zeit entführt?

Lambertine. Eine tolle Geschichte —

Volk. Erzähle —

Lambertine. Klingt wie ein Märchen (vortretend) Wie ihr mich da seht, komm' ich geradewegs vom Kaiserhof zu Wien!

Volk. Von Wien?

Lambertine. Von Wien. Vernehmt, was einer Sans-
culottin
Begegnen kann, die jung noch ist — im Kopf
Ein blitzend Augenpaar — Es ist die tollste
Geschichte von der Welt! Die Jakobiner
Entsandten mich nach Lüttich, Propaganda
Zu machen. Auf der Reise — Teufelsstreich! —
Fall' ich in Feindeshand und ausgeliefert
Werd' ich an Oesterreich, auf eine Veste
Geschleppt im Land Tirol. Der Kaiser hört
Von Lambertine, der Pariserin,
Wünscht sie zu seh'n, sie kommt, gefällt bei Hof,
Macht Propaganda bei den hohen Herrn,
Lebt herrlich und in Freuden, aber als
Gefang'ne doch — verdammt! Sie knirscht geheim,
Und überlegt, für welchen Holofernes
Sie sich entscheiden soll als neue Judith.
Da plötzlich stirbt der Kaiser — sie benützt
Die Wirrsal, schlüpft in einen Reisewagen
Des Nachts, und eilt ununterbrochnen Flugs
Vom Donaustrand zum Strand der Seine! — Es lebe
Paris! —

Volk. Wahrhaftig, eine tolle Geschichte —

Lambertine. Nicht toller als mein ganzes Leben.

(Geschrei. Ein Edelmann wird gefangen vorbeigeführt.)

Volk. Wer ist der Mann?

Die Begleiter des Gefangenen. Der Marquis von
Laprêde — lange versteckt, jetzt aufgestöbert, eine Aehre,
reif zum Schnitt —

Lambertine (mit Bestürzung und Aufregung, für sich) Alle
Teufel der Hölle — das ist er leibhaftig — (vor ihn hin-

tretend) ein Marquis? Hängt ihn, wenn es ein Marquis ist! Ich kannte auch einmal einen Marquis — (ihn mit flammenden Augen scharf firirend) einen Marquis, der mich eines Abends — ich war siebzehn Jahre alt — nach England entführte — und den ich eines Morgens nicht mehr fand, als ich erwachte, verlassen und allein im fremden Land —

Fischweiber. Du armes Kind! du verfielst in ein hitziges Fieber —

Lambertine. Durch meine Fieberträume hindurch hört' ich die Leute davon reden, daß man in Paris die Edelleute an die Laterne hänge — ich flog nach Paris —

Fischweiber. Dein Fieber?

Lambertine. Das nahm ich mit —

Fischweiber. Ein W e ch s e l f i e b e r — hahaha! — Lerntest viele Revolutionsmänner kennen — sehr viele —

Lambertine. Sie lagen zu meinen Füssen —

Fischweiber. Du hobst sie auf —

Lambertine. Wenn sie nicht zu sehr nach Aquavit rochen. — Tod den Aristokraten!

Der Gefangene (leise) Sei großmüthig, Lambertine! Mein Leben hängt an einem Worte von dir —

Lambertine. Geh' zum Teufel, Dummkopf, ich kenne dich nicht! — Hängt ihn, Sansculotten! — Es lebe die Freiheit! — (Der Edelmann wird abgeführt.)

Volk. Hoch Lambertine!

Weiber (umtanzen sie und machen Miene, sie auf ihre Schultern zu heben) Heißa! Lambertine ist unsere Königin! Wir sind die „Furien der Guillotine!" wir sind die „Blaustrümpfe Robespierre's!"

Lambertine (sich erwehrend) Still von Robespierre! Nichts mehr von ihm! Er hat neulich seine Thür vor mir geschlossen. Er läßt kein Weib vor sich —

Weiber. Robespierre ist doch der größte der Patrioten! Robespierre ist unser Gott!

Sansculotte. Ihr Weiber seid immer so geartet. Je weniger Einer eine Schürze leiden mag, um so eifriger seid ihr hinter ihm drein!

Weiber (sich auf ihn werfend) Hinter dir nicht, du Wicht! (er entflieht.)

Ein Weib. Was sagte der große Mirabeau in den Oktobertagen, als man sich anschickte zum Sturm auf Versailles? „Wenn die Weiber sich nicht um die Sache annehmen, so läuft sie übel ab!"

Eine Andere. Und jetzt, da wir Weiber auch unsere Rednerinnen, unsere Versammlungen, unsere Clubs haben, jetzt werden wir den Männern zeigen —

Eine Dritte (einfallend) Daß wir Weiber nicht umsonst von jeher das gewesen, was die Männer erst jetzt geworden: Ohnehosen! (Gelächter und Beifall.)

Der Schreiber der Commune. Platz da! Platz! Ich sehe den großen Patrioten, den Bürger Anacharsis Cloots herankommen, mit seinem Zuge von Abgesandten und Vertretern aller Völker der Erde, die er beim Feste der Göttin der Vernunft vorführen wird!

Stimmen. Anacharsis Cloots? der deutsche Baron?

Schreiber. Der freigesinnte Förderer des Vernunftcultus, der Freund Chaumettes, der glühende Verehrer des französischen Volks —

Einer aus der Menge. Speist aber auch bei Aristokraten und reichen jüdischen Wechslern — ein Allerweltsfreund —

Schreiber. Ein großer Patriot, sag' ich. Platz da!

Anacharsis Cloots (kommt mit einem Zuge von Leuten, welche durch Tracht und Gesichtsfärbung alle Menschenracen der Erde vorstellen, er und die Seinigen rufen:) Es lebe Frankreich! es lebe die Republik!

Volk. Es lebe Cloots!

Cloots (Platz für seine Leute im Vordergrund zu gewinnen suchend)

Erlaubt mir Freunde, Bürger,
Daß ich mich hier aufstelle mit den Meinen,
Vertretern, Abgesandten aller Völker
Der Erde, die am heut'gen schönen Fest
Darbringen wollen ihre Huldigung
Dem großen Frankenvolk — zum Unterpfand
Der nahenden Verschmelzung aller Völker
Mit euch, Franzosen!

Stimmen. Seht ihr? er meint es gut —

Der Stelzfuß. Nicht mehr als billig, daß sich alle Völker der Erde der französischen Republik unterwerfen.

Einer aus dem Volke. Ist doch kürzlich auch schon aus Mainz ein gewisser Forster mit andern dagewesen und hat die Unterwerfung des Volkes der deutschen Rheinprovinzen angezeigt.

Sansculotte. Bürger Cloots, kennt Ihr nicht den Tragödiendichter Sillery in Deutschland, der die „Räuber" geschrieben? Man hat sein Stück auch in Paris hier aufgeführt und es hat uns gar nicht übel gefallen.

Cloots. Kenn' ihn nicht.

Sansculotte. Ihr seid ja doch ein Deutscher!

Cloots. Wüßte nicht. Ich bin Kosmopolit — ein Sohn des Universums —

Einer aus dem Volke. Ich habe gehört, daß ihr auf der Kadettenschule zu Potsdam erzogen worden seid —

Cloots. So? habt Ihr das gehört? weiß nicht, wie ich dahin gekommen. Meinen Taufschein hab' ich

Zugleich mit meinem Adelsbrief verbrannt.
Bin Advokat der Menschheit, Philosoph,
Und Atheist, und ein persönlicher
Feind Jesu Christi. Ich bin überall
Und nirgends heimisch. Durch Europa schweift' ich,
Vom Newastrand bis zum Manzanares,
Allzeit verfolgt von allen Bütteln, Sbirren,
Von allen Mönchen und Inquisitoren
Der Welt. Wenn sie am Rhein mich hängen wollten,
War ich in Spanien längst, und fahndeten
Nach mir die Alguacils der Stadt Madrid,
So lacht' ich ihrer schon am Strand der Themse —

Camille Desmoulins (sich durch das Volk drängend) Tretet ein wenig auseinander, liebe Freunde und Brüder; tretet ein wenig auseinander! Bürger Danton und Bürger Robespierre wollen das volksthümliche Fest mitansehen. Ich habe sie dazu vermocht. Sie folgen mir auf dem Fuße.

Volk. Danton? Robespierre? Macht Platz für Danton und Robespierre! (große Bewegung im Volke, man läßt eine Gasse frei) Da kommen sie! (Alles blickt gespannt nach der Seite, woher die Erwarteten kommen.)

Zweite Scene.

Danton und Robespierre (treten auf. Robespierre in einfacher aber pedantisch sorgfältiger Tracht und Frisur, Danton in mehr prunkhafter und doch burschikoser Gewandung; eine gewaltige Halsschleife hängt über seine Brust herab.)

Volk. Es lebe Danton! Es lebe Robespierre!

Danton (den Hut lüftend und dem Volke zunickend, jovial) Guten Morgen, Sansculotten!
Was soll denn das Gedräng? Was gibts? Ein Fest?
Mit weißgeputzten Jungfern, schönen Reden,

Und Blechmusik? Verdammt! Gibt's wirklich keine
Bastille mehr zu stürmen? Keinen Ausflug
Mehr nach Versailles zu machen? Alle Wetter,
Das waren and're Zeiten! Denkt ihr's noch,
Wie's war, als rings um uns zum ersten Mal
Losbrach die Kriegsfurie, und die Ohren
Ihr an den Boden legtet, um zu horchen,
Ob man nicht schon Kanonendonner höre,
Vorboten jener Haufen, die sich wälzten
Her auf Paris — und wie dann wirklich Mancher
Zu hören meint' ein fernes dumpfes Rollen,
Und auffuhr, bis ein Nachbar zu ihm sagte:
Laßt gut sein — D a n t o n i s t 's, der e b e n d o n n e r t
I m C l u b d e r C o r d e l i e r s!"

Volk (in Enthusiasmus gerathend) Es lebe Danton! Ça ira! Ça ira!

Danton (lächelnd zu Robespierre, den er bei Seite zieht) Da hast du die Tröpfe — gleich wieder in Feuer und Flammen — (Lambertine erblickend) Was seh' ich? (sie vertraulich am Kinn fassend) Wieder in Paris, mein schönes Kind? Und so festlich herausgeputzt? (ihre Begleiterinnen musternd) Potz Tausend! wie viele reizende Republikanerinnen! — Pistolen im Gürtel?

Lambertine. Feurige Patriotinnen, Bürger Danton!

Danton. Sprößlinge, meine Damen! Sprößlinge, wenn ihr euch recht patriotisch erweisen wollt — kleine Republikaner — gesunde starke Bursche — Solche braucht jetzt die Republik, ihr lieben Frauen und Jungfrauen!

Lambertine (kniffend) Ist nicht ganz bloß u n s e r e Sache, Bürger Danton!

Danton. Schelmin! (er bemerkt die Truppe Cloots'.) Was ist das?

Einer aus dem Volk. Abgesandte und Vertreter aller Völker der Erde —

Danton (lachend zum Neger in der Truppe) Alle Teufel, François — wie kommst du zu diesem Gesicht? Bist du nicht der entlaufene Bediente des Grafen Boulaineville?

Der Neger. Vergebung, Bürger Danton — ich stelle hier den Afrikaner vor.

Cloots. Wir vertreten hier die Racen und Völker der Erde. Alle wollen und müssen sich Frankreich anschließen. Ihr habt Gleichheit aller Franzosen eingeführt. Aber alle Menschen, a l l e Völker sind gleich —

Der Stelzfuß (zornig) Was? alle Völker gleich? Die Franzosen wären nicht besser als Andere? Nieder mit dem Aristokraten!

Cloots. Versteht mich recht. Paris wird die Hauptstadt der Erdkugel sein Es wird kein Reich England, kein Reich Spanien, sondern nur ein Departement England, ein Departement Spanien geben. Es wird keine Deutschen mehr geben, keine Engländer, keine Franzosen —

Sansculotte. Donner und Doria! keine Franzosen? (will auf ihn losgehen)

Cloots. Hört mich nur aus. Alle Menschen werden Menschen sein, und Brüder, und freie Republikaner (zu Danton gewendet) Meine Ueberzeugung ist immer gewesen, daß alle Völker zu einem einzigen verschmelzen werden —

Danton (ernsthaft, ihn auf die Schulter klopfend) Das glaub' ich auch, lieber Cloots!

Cloots. Und ich sage, daß diese Zeit schon da ist —

Danton. Das — hm! weißt du das gewiß, lieber Cloots?

Cloots. Das Volk aber, an welches zunächst sich alle andern schließen müssen, ist das französische (mit oratorischem

Pathos) Denn das französische Volk ist das freieste, und ein
Volk, das frei ist im Innern, wird nie nach Außen den
Eroberer, den Unterdrücker spielen!

Wie einst der Aar des Zeus den Ganymed,
Wird Frankreichs Aar empor die Völker tragen
Auf seinen Schwingen in der Freiheit Himmel
Und schöner Menschlichkeit! —

Danton (zu Robespierre bei Seite) Es ist merkwürdig, wie
viel Geist mancher Mensch aufwendet, um zu beweisen, daß
er ein Narr ist. (Trommelwirbel und Musik erklingt)

Der Schreiber der Commune (von der Höhe des aufgerichteten,
mit Teppichen behangenen Gerüstes in die Scene blickend) Sie kom=
men! Der dicke Henriot, der wackere Commandant mit dem
weinrothen Gesicht, reitet dem Zuge voran und macht Ord=
nung. Tretet auseinander, sonst werdet ihr über den Hau=
fen geritten! (Das Volk macht Platz. — Robespierre hat sich während
der ganzen Scene beinahe theilnahmslos verhalten: er gibt Zeichen der
Zerstreutheit, ist zuweilen wie in sich versunken, beschäftigt sich mit andern
Dingen, betrachtet Nebensächliches um sich her, und richtet nur manchmal
einen scharfen Blick auf den eben Sprechenden.)

Dritte Scene.

(Der Festzug erscheint unter den Klängen der Musik. Voraus Henriot
zu Pferde. Dann eine Schaar weißgekleideter, rosenbekränzter Mädchen,
dann folgen die wie Feldzeichen erhöht getragenen Büsten Voltaires und
Marats. Unmittelbar vor der Göttin wird eine große angezündete Fackel
hergetragen. Die Göttin selbst ruht auf einem blumengeschmückten Tri=
umphwagen, angethan mit weißer Tunica, darüber eine wallende Chlamys
von himmelblauer Farbe. Auf dem Haupte eine rothe phrygische Mütze.
Hinter ihr Hebert, Chaumette und andere Mitglieder des Rathes der
Commune. Nachdem der Zug in der Mitte des Platzes angelangt, macht der
Triumphwagen Halt. Die Göttin verläßt denselben und wird von Hebert
und Chaumette auf das thronartige Gerüst hinaufgeleitet, wo sie Platz
nimmt. Die bisher ihr vorgetragene Fackel wird in ihre Hand gegeben.
Die Jungfrauen gruppiren sich um den Fuß des Gerüstes. Die Musik
verstummt.)

Ein Bürger (im Vordergrund zu seinem Nachbar) Prächtige Gestalt, diese Göttin der Vernunft!

Der Nachbar. Ja, sie ist ein schönes Weib, die Momoro; nur ihre Zähne sollen schon einigermaßen defekt sein.

Ein Weib (zu ihrer Nachbarin) Seht einmal, was sie für große funkelnde Ohrringe trägt!

Die Nachbarin. Die hat sie von dem reichen deutschen Baron.

Hebert (besteigt die Bühne, doch nicht ganz bis zur Höhe, auf welcher die Göttin sitzt) Mitbürger! Die freche Rebellion der executiven und der administrativen Gewalten gegen das souveräne Volk, welche in Frankreich wie allenthalben ihr Wesen trieb, ist niedergeworfen. Der von den ersten Beamten des Staates, den Königen, bisher geübte Amtsmißbrauch ist für immer abgestellt. Seit dem Augenblick, da das Haupt Ludwig Capets fiel, und der Staub seiner Ahnen in den Prunkgräbern von St. Denys im Staub der Straßen von Paris seinen Bruder begrüßte, ist der Königsbann und Zauber, der auf den Völkern lastete, gebrochen. Wir zogen nach St. Denys, wir öffneten die kostbaren Schreine der verblichenen Despoten von Frankreich: da lagen sie, die einst allmächtigen Abgötter, vor welchen wir das Knie beugten; da lagen sie in ihren Silbersärgen, Staubphantome, nur noch von den letzten Resten goldgestickter Gewande zusammengehalten. Wenn man mit den Fingern an die Majestäten tippte, rieselte die Todtenasche aus den Gold= und Purpurfetzen hervor, wie der Staub aus einem Staubschwamm, den man in der Hand zerdrückt. In ganzen Wolken stäubte sie empor, die Königsasche, und wer da herumging, dem klopfte sein Diener am nächsten Morgen verweste Potentaten mit dem andern Staube aus den Kleidern. Es gibt keine gebornen Götzen der Menschheit mehr. Die

Menschheit wird künftig nur diejenigen ehren, die ihr gedient, nicht diejenigen, die sie beherrscht haben (auf die Büsten deutend) Da seht das Bild Voltaires, des großen Vorkämpfers der Gedankenfreiheit; da seht das Bild Marats, des echten glühenden Patrioten, der für die Freiheit darbte, siechte, verhöhnt, und zuletzt gemeuchelt wurde — der die Lauen und die Ehrgeizigen zugleich beschämt, die auch jetzt noch das freie Volk zu eigensüchtigen Zwecken zu umgarnen trachten — das seien unsere Genien, das seien unsere Götter für die Zukunft! Vor Diesen, Volk, entblöße dein Haupt!

Volk (die Mützen schwenkend) Hoch Voltaire! Hoch Marat!

Hebert. Statt der blinden Willkür und statt des blinden Aberglaubens herrsche künftig die Vernunft! Dieser Göttin wollen wir fortan einzig huldigen! Die Vernunft ist Mensch geworden — und hier (auf die Göttin weisend) seht ihre Gestalt vor euch entschleiert!

Volk Es lebe die Göttin der Vernunft! (Schwenken der Mützen) Es lebe die Republik!

Danton (zu Robespierre abseits) „Er ist verzweifelt wild heute, der Vater Duchêsne!" (Beide verlieren sich unter dem Volk.)

Chaumette (besteigt die Tribune, nachdem sie Hebert verlassen) Republikaner! Wir haben die Tyrannei nicht bloß vom Throne, wir haben sie auch von der Kanzel geworfen. Seitdem zu des großen Voltaire Zeiten die Mäuse des Unglaubens zum ersten Mal den Speck der Kirche benagt, und seit die Naturforschung aufgestanden vom Faulbett des Begriffs der göttlichen Allmacht, auf dem sie geschlafen, ist Frankreich vorwärts gegangen mit Gigantenschritt. Nur fort auf diesem Wege, Brüder! Streuen wir mit der Asche der Könige auch die Asche der Kalenderheiligen aus den Kirchen in alle vier Winde! Und insoferne sie von Metall, diese Heiligen, sollen sie gute Patrioten werden und für die Republik in's Feuer gehen: wir schmelzen sie ein! Reißen wir den Kirchthürmen ihre geschwätzigen Glockenzungen aus und lassen wir sie im Felde als Kanonen brummen; schneiden wir Patronen aus den Meßbüchern! Auf die Friedhöfe laßt uns die Inschrift pflanzen: „Ewiger Schlaf!" Opfern wir nicht mehr das Beste unserer Habe dem Himmel! seien wir klug wie die alten Heiden: die brachten den Göttern von den Opferthieren auch nur die Häute und Knochen dar, das Fleisch aßen sie selbst. Unsere Göttin sei die Vernunft, die gesunde Vernunft ohne Grübeleien, ohne Wissenskram, ohne aristokratische Gelehrsamkeit. Und als Franzose und Republikaner füg' ich hinzu: Die Wissenschaft muß nützlich sein, und die Künste müssen einzig dem Patriotismus dienen; sie sollen keine Werkzeuge aristokratischer Verweichlichung sein. Den altehrwürdigen Prachtbau von Notredame, der vor uns ragt, weihen wir von heut an zum Tempel der Vernunft! Vorerst, aber, zum Zeichen, daß das Licht Allen gemein ist, (sich zu den Jungfrauen wendend) entzündet die Fackeln und vertheilt sie unter das ganze Volk! (Die Jungfrauen ergreifen Fackeln, von welchen ein großer Haufe am Fuße des Gerüstes aufgeschichtet ist, und entzünden sie an der Fackel der Göttin.)

Cloots. (sich mit seiner Schaar nähernd) Laßt alle Völker die Fackeln an diesem Licht entfachen, das in Frankreich aufgegangen!

Chaumette. Entflammt die Fackeln und tragt das Evangelium der Freiheit, Gleichheit und Brüderlichkeit in alle Welt! (Cloots und die Seinigen ergreifen Fackeln und zünden sie an)

Lambertine (mit ihrer Schaar hervortretend) Soll das Licht der Vernunft immer nur für eine Hälfte der Menschheit leuchten?

Chaumette. Theil haben soll auch das Weib an Freiheit und Wahrheit. Entzündet eure Fackeln am gemeinsamen Licht! (Lambertine und die Ihrigen folgen der Weisung) Bürger und Bürgerinnen der Republik! Die Vorfeier des Vernunftfestes haben wir gehalten unter der blauen Decke des Himmels, denn kein Dom ist weit genug, alle Gläubigen des Lichts zu fassen! Nun aber sei das Werk gekrönt, indem wir die Göttin der Vernunft durch die Tempelpforten geleiten und ihr den Thron anweisen auf dem Hochaltar von Notredame! Trommelwirbel. Musik. Der Zug setzt sich in Bewegung. Cloots und Lambertine mit den Ihrigen schließen sich an, Volk drängt nach, der Zug begibt sich in die Kirche von Notredame, welche den Hintergrund bildet. Nachdem hierdurch der Vordergrund der Bühne frei geworden, treten Danton und Robespierre wieder hervor.)

Danton. Hast du die Stichelrede Hebert's auf die **Lauen und die Ehrgeizigen** gehört? Wen mag er wohl gemeint haben? Uns beide doch nicht? Ich bin nicht mehr **ehrgeizig**, und du, bei Gott, nicht **lau**! Es trifft somit nicht zu! — Aber diese Leute von der Commune werden verwegen — sehr verwegen — — Mir ist's lieb, daß ich nun weiß, wie die leibhafte Vernunft aussieht. Ich möchte nur wissen, ob der angetraute Gemahl der Frau Vernunft, der Glatzkopf Momoro, seine Mittagssuppe göttlich und vernünftig findet, wenn sie ihm die Göttin der Vernunft in der Küche hat brenzlich werden lassen? (zu Camille Desmoulins, der aus der Kirche nach vorn kommt) Was macht die Göttin drinnen, Camille? Hast du ihr den Pantoffel geküßt? Wie sieht's aus in Notredame?

Camille. Wie in einer Taberne. —

's ist ein Geruch darin
Von Heringen und von gebrannten Wassern.
Die Sansculotten tanzen mit den Jungfern
Als wahre Ohnehosen — nackt die Brust,

Die Strümpfe niederhängend, Pfeif' im Munde.
Das Innere des Doms ist ausgekleidet
Mit Grün, und sieht wie eine ländliche
Weinwirthschaft aus am Sontag Nachmittag.
Getränke, Würstchen und Pastetchen sind,
Und was man sonst noch wünschen mag, zu haben.
Aus Kelchen trinkt man Branntwein, und verschlingt
Aus Opferschalen weiße Maccaroni —

Danton. Und die Göttin?

Camille. Sie hüstelt stark, denn Chaumette schwingt vor ihr ein kupfernes Rauchfaß, und kitzelt ihre Nase im Eifer mit mehr Rauchwolken, als ihre noch grüne Göttlichkeit vertragen kann. Dabei hält er eine Predigt über eine umgestürzte Bildsäule der hl. Jungfrau, und stellt diese der Repräsentantin der Vernunft vergleichend gegenüber — bei welchem Vergleich die Jungfrau natürlich sehr übel weg kommt. Hebert dagegen haranguirt den Pöbel von einer andern Seite; er zecht mit dem dicken Henriot, und alle Drei schwören, daß etwas geschehen müsse gegen die Gemäßigten, gegen die Lauen, gegen die heimlichen Aristokraten, wie gegen die Ehrgeizigen, die leider im Convent und im Wohlfahrtsausschuß sitzen, und die mit berühmten Namen zweideutige Absichten decken —

Danton. Es ist zum Todtlachen. — Robespierre, wenn du etwa der Commune die Haare und Nägel, die sie sich troglodytisch lang hat wachsen lassen, beschneiden willst, so thu's; ich werde diesmal auch nicht mit einem Zucken des Mundwinkels opponiren. Köpft diesen Hebert, ihr Männer vom Wohlfahrtsausschuß und verschont dafür ein Dutzend sogenannter Verdächtiger und Aristokraten, denen meist kein anderes Verbrechen nachzusagen ist, als daß sie von altem

Adel und dumm sind. Lieber unter Aristokraten leben als unter diesen ungewaschenen Plebejern, die uns mitten in Paris zu Wilden, oder zu Spartanern, zu Bürgern des Rousseau'schen Naturstaats machen wollen —

Robespierre (ruhig) Laß Rousseau aus dem Spiel, Danton!

Danton. Dein Ideal — ich weiß! das meinige bekanntlich nicht — schwärme nicht für den Rousseau'schen Naturstaat, so wenig als für Sparta und ähnliche Musterrepubliken. Zum Teufel, sind wir darum frei geworden, um als Duckmäuser zu leben, oder als Naturbursche zu verwildern? Das Volk braucht Seife und einen Gott — Beides will ihm Chaumette nehmen. Die Franzosen sind Sansculotten geworden. Wir haben sie ohne Hosen übernommen, und unser Stolz sollte sein, sie behos't unsern Erben zu hinterlassen. Idealisten wie Rousseau —

Robespierre (ruhig und ernst wie oben) Laß Rousseau aus dem Spiel, Danton!

Danton. Wir sind weit genug gegangen. Nun gar noch diese verwünschten Tollköpfe! — Setz' den Hebert auf die Liste, Robespierre! ich bin das Blutvergießen im Allgemeinen satt, herzlich satt — aber Hebert muß noch fallen, wenn nicht die Republik zu Grunde gehen soll — und Chaumette — und der Narr Anacharsis —

Robespierre (ruhig aber bedeutungsvoll) Und mancher Andere noch, Danton — wenn nicht die Republik zu Grunde gehen soll! —

(Der Vorhang fällt.)

Zweiter Aufzug.

Erste Scene.

(Im Hause des Tischlers Duplay, bei welchem Robespierre zur Miethe wohnt. Eine Art Vorgemach, welches die Wohnung und Werkstatte des Miethsherrn von dem Wohngemache Robespierres trennt.)

Robespierre (tritt von einem Fenster zurück) Vorbei die letzten Karren — Hebert flucht — Chaumette macht ein Gesicht wie eine kranke Lerche — der Pöbel, der ihnen vor zwei Wochen zugejauchzt, verhöhnt sie. (Er nimmt Platz an einem Tischchen, durchblättert Zeitungen und eröffnet Briefe. Miene, Haltung und Bewegung drücken eine fast pedantische Gemessenheit, Ruhe und anscheinende Gleichgültigkeit gegen den Inhalt der Zuschriften aus.) „Robespierre, du Gewaltiger! Seele der Republik — harr' aus! geh' muthig weiter auf deiner Bahn, entgegen dem Ziele, das dir winkt!" — „Bürgerrepräsentant Robespierre, ich merke, du strebst nach der Dictatur! Gib sie auf, die volksverrätherischen Pläne, oder wisse, daß die Dolche von 22 Brutussen, die sich gegen dein Leben, du Meuchelmörder der Freiheit, verschworen, Tag für Tag über dir gezückt sind" — — „Robespierre, wahrhafter Freund des Volkes, Unbestechlicher, erhalte dich das Schicksal noch lange, lange für das Wohl Frankreichs und der Welt!" — „Du lebst noch, Tiger, befleckt mit dem Blute der edelsten Geschlechter von Frankreich? Henker der Menschheit, du lebst noch? Gib Acht! ein Sprößling aus edlem Stamme ist noch übrig und sein geschliffnes Eisen lauert" — „Robespierre, du theurer, edler, tugendhafter Mann! vergib einer begeisterten Tochter der Republik, die in Bewunderung für dich erglüht, wenn sie dich anfleht um die Gnade, dich sehen, dich sprechen, ihr republikanisches Herz an deinem Anblick laben zu dürfen!"

— „Du Aas, du Madensack, du Würmerfraß, elender Robespierre, hast du keine Scheu vor Gott dem Herrn, dem Beherrscher Himmels und der Erden? Denn wisse, elender Tyrann" — Tyrann schreibt der Bursche mit einem doppelten r! Daß doch das Volk nie orthographisch schreiben lernt! — „elender Tyrann, daß du sammt deinen Spießgesellen unser Paris" — wieder ein doppeltes r — ich werde den Schulmeister köpfen lassen, zu welchem der Wicht in die Schule ging — (Man hört Geschrei eines Knaben) Was ist's? (Der kleine Duplay, von seinem Vater verfolgt, der ein Stück Latte schwingt, flüchtet zu Robespierre.)

Der alte Duplay. Verdammter Range!

Robespierre. Was ist's?

Duplay. Die Knochen schlag' ich ihm entzwei. Hab' ihn wieder von der Gasse holen müssen, wo er gerauft und den kleinen François in's Gesicht geschlagen, daß er blutet —

Robespierre (mit großer Ruhe, den Knaben an der Schulter fassend und ihm scharf in's Auge blickend) Der Junge sieht allerdings im Ganzen so aus, als ob er dergleichen gethan haben könnte. Aber man muß keinen Menschen ungehört verurtheilen. Wie war's, Bursch?

Der Knabe. Wir haben die Erstürmung der Bastille gespielt. Da wollte ich den Anführer machen. Aber François wollte ebenfalls den Anführer machen, weil er größer ist. Da hab' ich ihn geschlagen.

Robespierre. Und die andern Knaben?

Der Knabe. Die halfen dem François.

Robespierre. Und dann?

Knabe. Dann habe ich sie auch geschlagen.

Robespierre (immer sehr gelassen) Junge, du spielst ein gewagtes Spiel! Weißt du nicht, daß in einem republicanischen Gemeinwesen die Majorität entscheidet? — Ihr spielt also in dieser Art auf der Straße die Erstürmung der Bastille und dergleichen?

Knabe. Ja. Wir haben auch schon öfters einen Freiheitsbaum aufgerichtet, und haben darum herumgetanzt. Und wir sind auch marschirt, und haben einen Aristokratenkopf auf eine Pike gesteckt.

Duplay. Was, Bube? einen Aristokratenkopf, einen wirklichen Aristokratenkopf?

Knabe. Nein, er war von einer Katze; aber er stellte doch einen Aristokraten vor. Wir spielen auch Guillotine. Und manchmal exerzieren wir und schlagen die Trommel.

Robespierre. Hör' einmal, was soll denn künftig aus dir werden, Bursch?

Knabe. Ein alter Römer.

Robespierre. Ein alter Römer?

Knabe. Ja. Bürger Camille ist neulich auf der Straße an uns vorbeigekommen, als wir Guillotine spielten, und hat gesagt, wir müssen Alle alte Römer werden. Und ein Volksvertreter will ich auch werden, wie Ihr, Bürger Robespierre. Und ein General —

Duplay. O du Tropf!

Robespierre. Also auch ein General? da seht einmal! Steckts dem Bürschchen auch schon im Blute? (etwas boshaft) du willst also Soldat werden? Komm einmal her! kannst du Strapazzen ertragen und Wunden? und Schmerzen? weißt du, was spartanische Lebensweise ist? wir wollen sehen! (er faßt den Knaben während er spricht, am Arm, und kneipt ihn heftig. Der Knabe schreit und läuft davon. Am Eingang stößt er zusammen mit Frau Duplay, die eben vom Markte zurückkehrt.)

Frau Duplay (mit einem großen Korbe am Arm) Was quiekst du, Junge?

Knabe. Ach, es ist nichts. Der Bürger Robespierre hat mich in den Arm gekniffen.

Frau Duplay. Der Bürger Robespierre? (ihn erblickend und hastig auf ihn zugehend) Bürger Robespierre, wißt Ihr, was heute ein Kohlkopf kostet? — Zwanzig Sous! — zwanzig Sous, Bürger Robespierre, ein Kohlkopf! — Was hilft uns die Freiheit, Bürger Robespierre, wenn ein Kohlkopf 20 Sous kostet? wozu guillotinirt man so viele Leute, wenn die Marktpreise täglich steigen? was nützt es denn, Bürger Robespierre, daß die M e n s ch e n köpfe so wohlfeil sind, wenn die K o h l köpfe anschlagen? Wißt ihr, was die Leute sagen? „Unter dem Königthum kaufte man um 2 Sous einen solchen Kopf!" — „Eine Hungersnoth wie diese hat Frankreich nie erlebt!" —

Robespierre. Sagen das die Leute?

Frau Duplay. Ihr hättet nur den Koch des Banquier Frey hören sollen, und den Koch des Bürgers Lacroix, und den Koch des Bürgers Danton, der früher beim Grafen Lavalette gedient hat —

Robespierre. Was sagte der?

Frau Duplay. Es sei ein Glück, sagte er, daß sein jetziger Herr das Geld weniger ansehe. — Zwanzig Sous! — Da faseln sie vom „Maximum!" Die Händler verkaufen die schlechte Waare öffentlich nach dem Maximum, und die bessere heimlich für bessere Bezahlung an die Aristokraten!

Duplay. Man sollte die Schufte köpfen oder an die Laterne hängen.

Frau Duplay Schweig! — Es gibt auch Viele, die

laufen den Landleuten stundenweit entgegen, und kaufen ihnen den ganzen Vorrath ab —

Duplay. An die Laterne mit ihnen!

Frau Duplay. Schweig', Duplay. Ich will nicht immer davon reden hören. Auf dem Guillotine=Platz ist der ganze Boden bis an die Seine so schlüpfrig von Blut, daß ich neulich ausglitschte und hinfiel —

Duplay (der sich während der ganzen Scene im Gemach zu schaffen gemacht) Weib, du schwatzest schon wieder zu lange!

Robespierre. Redet nur, redet, Bürgerin Duplay! Ihr thut mir einen größeren Gefallen als ihr meint.

Frau Duplay. Schweig doch, Duplay! — Aber Bürger Robespierre! wie seht Ihr heute wieder aus! Freilich, von Milchspeisen und von Obst kann der Mensch nicht gedeihen, Bürger Robespierre! Und bei Nacht, da soll ein rechtes Menschenkind im Bette liegen, nicht auf= und niedertrotten bis zum Morgengrauen, wie Ihr, wenn Ihr auf die langen Reden sinnt, die ihr im Convent haltet und im Jakobinerklub. Ihr setzt mich in Angst! Was macht Ihr für Augen? Alle Wetter — ein so junges Blut! Fünf und dreißig Jahre! Und solch' eine Miene! Thut draußen in der Welt, als ob Euch ganz Frankreich unterthänig wäre — und es ist auch so! — ereifert Euch mitunter, als ob Ihr Alles kurz und klein schlagen wolltet, und daheim seid Ihr ein stilles Lamm, ein Kopfhänger! — Und ein armer Teufel dazu! Seid nicht ungehalten, um Gottes willen! ein armer Teufel — ihr! es ist zum Verrücktwerden. Könntet so gut und besser leben, als Bürger Danton und Andere, könntet auch in Pa= lästen wohnen und in schönen Landhäusern, und Köche und Bediente halten. Aber da sitzt Ihr in der kahlen dumpfen Kammer, und grübelt Tage und Nächte lang . . . Aber sagt einmal, Bürger Robespierre, wer hat Euch denn heute die Halsschleife geknüpft?

Robespierre. Wer? Ach ja, ich erinnere mich — Euer Töchterlein —

Frau Duplay. War's Therese? oder Leonore?

Robespierre. Die Kleine —

Frau Duplay. Die „Kleine?" Alt genug, Bürger Robespierre! Bald sechzehn Jahre! Alt genug! Leonore, komm doch herein! (Leonore tritt ein) Mädchen, soll ein Volksvertreter wie eine Vogelscheuche aussehen? Hast du nicht schon als kleines, so kleines Ding dich zuweilen auf den Schemmel gestellt und dem Bürger Robespierre die Halsbinde geknüpft, wie sich's gehört? Und jetzt bist du täglich ungeschickter, wenn du einen Handgriff an seinem Leibe thun sollst. Gleich mach's besser! (Leonore versucht es zitternd) Geh' zum Henker! (drängt sie weg und thut es selbst.) Weißt du nicht, daß der Bürger Robespierre Alles genau haben will? — Nimm dir Theresen zum Muster! Therese ist resolut, Therese ist verständig! Darum hat sie auch schon einen Bräutigam, und keinen Geringern als den Volksvertreter Lebas — und du? wer fragt nach dir? Ihr müßt aber nicht glauben, Bürger Robespierre, daß Euch das Mädchen nicht verehrt, wie man ehedem die Heiligen im Himmel verehrte. Seht wie sie dasteht und keinen Mund aufthut — und seid Ihr nicht zugegen, so schwatzt sie den ganzen Tag von Euch. War sie nur einen Augenblick in eurer Stube, Herr Gott im Himmel! das ist ein Wichtigthun, ein Eifer, ein Geschwätz! „Jetzt thut der Bürger Robespierre dies, jetzt thut er das; jetzt sitzt er, jetzt liest er, jetzt schreibt er, jetzt geht er auf und ab, jetzt ist er bleich, jetzt glüht er im Gesicht — er ist doch nicht etwa krank?" Da ist nichts so unbedeutend, daß sie nicht einen halben Tag davon reden und einen ganzen darüber nachdenken sollte. Neulich — (Leonore erschrickt und läßt einen Blumentopf am Fenster fallen, mit welchem sie sich eben beschäftigt.)

Duplay (hinzuspringend) Dummes Ding!

Frau Duplay. Ich bitte dich, schweig' still, Duplay! — Da habt ihr's! — Neulich also, was thut sie? da finde ich sie gar an Eurer Thür — sie l a u s ch t —

Leonore (flehend) Mutter!

Frau Duplay. Geh' und füttere den Kanarienvogel! — Lauscht an Eurer Thür, sag' ich, und hört zu, wie Ihr Reden haltet und mit Euch selber sprecht — (Leonore eilt beschämt und mit Thränen im Auge ab) Und wie ich sie zur Rede stelle, da sagt sie, sie höre Euch so gern reden — aber nur wenn sie Euch nicht sehe — sonst fürchte sie sich, und es klopfe ihr das Herz —

Duplay. Bist selbst nicht anders, Alte! Redest du den lieben ganzen Tag von etwas Anderm als vom Bürger Robespierre? Der Bürger Robespierre —

Frau Duplay. Schweig doch still, Duplay —

Duplay. Ich will reden. Der Bürger Robespierre wird immer zuerst bedient, und es handelt sich immer nur darum, was der Bürger Robespierre braucht und will und wünscht, und wenn mich die Eifersucht oder der Neid plagte, so könnt' ich als Herr im Hause . . .

Frau Duplay. Was?

Duplay. Du nimmst dir zu viel heraus, Weib, du commandirst am Bürger Robespierre herum, daß es eine Schande ist, tappst an ihm wie an einer Kinderpuppe herum, wenn dir sein Anzug nicht gefällt —

Frau Duplay. Ich bitte dich, schweig, Duplay!

Duplay. Du incommodirst ihn, drängst dich auf, kümmerst dich zu viel —

Frau Duplay. Muß ich es nicht? Soll er sich selber um alle Kleinigkeiten Sorge machen? Hat er nicht Anderes zu denken? Ist er nicht oft so versunken in sich selber, daß er gar nicht weiß, was er thut? Hat er nicht neulich bei Tische sich die Suppe aus der Schüssel geschöpft, ohne zu merken, daß er noch gar keinen Teller vor sich hatte?

Duplay. Nun, nun, ereifere dich nicht, Alte! — Genau genommen, will ich's selber ungefähr so haben — ich will, daß du mir den Bürger Robespierre so pflegst, wie du ihn pflegst, und so wahr ich ein ehrlicher Sansculotte und Republikaner bin, wenn du anders thätest, Weib, so könnte es wohl geschehen, daß ich dir die Hirnschale einschlüge (ab.)

Frau Duplay. Narr! — Wer da? ein Fremder an der Thür: (Sie geht zur Thür. St. Just tritt ein) Kein Fremder, Bürger Robespierre! Kein Fremder! Da seht! (ab.)

Zweite Scene.

Robespierre. St. Just? vom Felde heimgekehrt?

St. Just. Vom Rhein! Wie neu geboren! Im Lager ist die Republik. Das ist Leben, wenn die Eisenglieder der Bataillone starren und ein Schauer geht durch den Bajonettenwald! Wenn ich lange zu Pferde bin, so ekeln mich unsere Pariser Conventsdebatten an. Im Geknatter des Pelotonfeuers ist mehr Schlagkraft als in wohlgesetzten Reden. Ich liebe das Schlagkräftige. Klappen muß Alles, rasch und sicher, wenn ich Wohlgefallen haben soll. Ich habe nur ein Ziel im Auge: den Sieg der Republik! Nach außen und innen! Mein Gemüth hat, wie die Trommel, nur einen einzigen Ton. Was rümpfst du die Nase?

Robespierre. Ich wittere Pulverdunst, Geruch von altem durchgesessenem Sattelleder, von schmutzigen Reiterkollern, ich wittere Kasernendunst, mein Freund, seit du hier eingegetreten und zu reden angefangen. Du weißt, daß ich eine Antipathie gegen diese Art von Gerüchen habe.

St. Just. Und ich wittere hier Geruch von Studierlampenöl und von plebejischen Hobelspänen. Grübelnder Titane, komm in's Feld, steig zu Roß einmal, und finde was dir einzig noch mangelt, um den Himmel zu stürmen. Du bist kein Franzose, Robespierre! in deinen Adern rollt Puritanerblut — deiner Ahnen Wiege stand ja, wie man sagt, drüben in Albion!

Robespierre (lächelnd) Darum schlag' ich Franzosenköpfe ab — aus Stammeshaß! Doch nur zu Hunderten. Wenn aber früher oder später ein Robespierre zu Pferde steigt und sich für die Schauer des Bajonettenwalds begeistert, dann, St. Just, dann wird er Hunderttausende zur Schlachtbank führen, und unser Frankreich, jetzt so stolz und frei, wird ihm die Füße lecken . . .

St. Just. Mag sein. Verzeih', wenn ich zu soldatisch keck gesprochen. Bin ich nicht dein Sklave, dein Werkzeug? Mein Wille, mein Wesen hat sich dem deinigen ergeben. Du hast Manches, was mir fehlt. Wir ergänzen einander. Wir gehören zusammen, wie Blitz und Donner, wie Wort und That. An dir bin ich mir selber klar geworden. Ich zähle 25 Jahre, du um ein Jahrzehend mehr; ich bin jung, aber reif, wie du weißt, und fertig für's Leben. Ich grüble nicht gern: ich möchte ganz Thatkraft sein — meine Natur hat etwas Metallisches: scharf, gediegen, schneidig und kalt. Wenn ich so alt werde, wie du jetzt bist, so werde ich entweder Rost ansetzen, oder ich werde schartig werden wie ein altes, ausgeschliffenes Guillotinenmesser — drum stürb' ich gerne jung, und werd' es auch. Ich bin Fatalist — aus der Fassung bringt mich nichts —

Robespierre. Ich weiß, du bist ein kalter Fanatiker —

wenn die Schulmeister mir diese Wörterverbindung erlauben.

St. Just. Die Welt gehört den Apathischen

Robespierre. Schwärmer und Sprudelköpfe sind unsere Pioniere.

St. Just. Dich hab' ich in Verdacht, daß du ein heimlicher Schwärmer bist und nur von außen kalt!

Robespierre. Meinst du?

St. Just. Nein, vergib! Ich weiß es nicht genau. Ich kenne dich manchmal nicht. Du bringst mich zur Verzweiflung.

Robespierre. Armer Junge!

St. Just (faßt Robespierre an der Schulter und schüttelt ihn) Rede, du Sphynx! Hilf mir dein eigenes Räthsel lösen! Steh, Proteus, und wechsle nicht die Farbe! Ich fasse deine Hand (er thut es) — gib Antwort: nicht wie ein Diplomat, sondern wie Einer, der im Traume redet und sich selbst nicht hört!

Robespierre. So frage. Du bist, wenn ich den alten, schweigsam schlauen Ironiker Couthon ausnehme, der einzige Mensch in Frankreich, der mich leidlich verstehen könnte!

St. Just. Hältst du noch alle Fäden sicher?

Robespierre. In dieser Hand. Wer a l l w i s s e n d ist, der ist immer auch a l l m ä c h t i g —

St. Just. Die Hebertisten? Die Helden des Tages mit den ungeheuren Schnurrbärten, rothen Hosen und rothen Mützen?

Robespierre. Vor acht Tagen ging der Vortrab zum Schaffot, heute folgte der Nachtrab.

St. Just. Die Geschichte schreitet in Frankreich mit Siebenmeilenstiefeln. Und doch hast du die Schreier der Commune an langem Seile laufen lassen. Wie Cicero den

Catilina! Du wollteſt erſt einen offenen Tumult von ihnen haben, eh' du ſie faßteſt —

Robespierre. Sie mußten mir auf halbem Wege entgegenkommen — Tag und Stunde war voraus berechnet, wann wir zuſammentreffen würden — Gewiſſe Dinge wollen ihren Verlauf haben, und ein großer Theil des Volkes war erſt umzuſtimmen —

St. Juſt. Und er iſt umgeſtimmt. Ich begegnete den Karren. Hebert knirſchte mit den Zähnen, als die ehemaligen Bewunderer ſeines „Vaters Duchêsne" ſpottend ihm das bekannte Sprüchlein in's Ohr gellten: „Er iſt verzweifelt wild heute, der Vater Duchêsne!" Der Deutſche Anacharſis hielt Farbe bis zum letzten Augenblick, gab ſeinen Gefährten auf dem Wege gelehrte philoſophiſche Auseinanderſetzungen zum Beſten, und rief einmal über das andere: „Es gibt keinen Gott! Es gibt keine Unſterblichkeit der Seele! Thut mir den einzigen Gefallen, Brüder, und bekehrt Euch nicht etwa aus Schwäche noch im letzten Augenblick!" — Glaubſt du wirklich, daß der Mann heimlich im engliſchen Solde ſtand, um die Republik durch Förderung der extremſten Partei ſtürzen zu helfen?

Robespierre. Nein, er war ein Narr auf eigene Rechnung. Genug von dieſen!

St. Juſt. Und was weiter?

Robespierrre. Wie meinſt du?

St. Juſt. D a n t o n?

Robespierre. Ein Koloß an Haupt und Bruſt — aber ſeine Füße werden ſchwach.

St. Juſt. Camille?

Robespierre. Ein weicher Schwätzer.

St. Juſt. Tallien?

Robespierre. Ein verliebter Tropf.

St. Just. Fabre d' Eglantine? Lacroix? Louvet? Herault de Sechelles?

Robespierre. Schöngeister — Leckermäuler — Weiberjäger — ausgepumpte Kerle — haben zusammen nur einen einzigen Kopf: Danton!

St. Just. Und der?

Robespierre. Wie gesagt, ein Koloß auf schwachen Füßen.

St. Just. So imponirt er nur mehr im Sitzen und unthätig. Treib' ihn zum Aufstehen, und er wird seine Schwäche verrathen.

Robespierre. Seine Partei ist die der gesinnungslosen Schlemmer, denen die Marsaillese zum Trinklied und der neu eroberte Boden der Republik zum Lotterbette geworden, auf welchem sie von ihren kurzen Strapazzen ausruh'n. Sie möchten ihre persönliche Beute in Ruhe verzehren. Kein sittlicher Ernst, kein zweckbewußtes Wollen in ihrer Brust! Sie stecken die Republik, die mehr als je des ganzen Aufwandes von männlicher Tüchtigkeit, von Ernst und Energie bedarf, mit ihrer Schlaffheit an. Sie sind Verräther, gleichviel ob sie es wissen und wollen oder nicht. Ich fürchte, bald wird es heißen: Dantons Haupt oder das Wohl der Republik! —

St. Just. Mit andern Worten: Er oder du? Weißt du, welches Sprüchlein der alte Couthon immer wiederholt? „Serpens, nisi serpentem comederit, non fit draco", — „eine Schlange, die sich auswachsen soll zu einem geflügelten Drachen, muß zuvor eine andere Schlange verschlungen haben." — Die Republik bedarf des geflügelten Drachens. Und wenn ihn die Patrioten mit einem pupulären Namen fordern, so nennen sie ihn D i c t a t o r — —

Robespierre. Junger Freund, laß mich dies Wort nicht wieder hören!

St. Just. Du verschmähst den Namen — warum nicht auch die Sache? —

Robespierre (nachdem er einige Schritte hastig auf- und niedergegangen, sein Phlegma verlassend) Hör' mich, St. Just! (seine Hand auf St. Just's Achsel legend) Das Wort ist mir sonst Werkzeug, Waffe. Dir gegenüber soll es ein vertraulicher Bote meiner Gedanken sein — so weit du sie begreifen magst. Ich bin vielleicht, wie du gesagt, ein heimlicher Schwärmer. Ich liebe die Menschheit, wie Rousseau sie geliebt — aber was sind mir die einzelnen Menschen? Ich verachte sie. Nimm den Durchschnittsmenschen aus der Masse heraus — sein Wesen ist die baare Unvernunft. Laß ihn in der Masse, an seinem Ort, und er ist Theil eines zwar **blinden, aber infalliblen Ganzen.** Die Menschheit geht immer den Weg zum Ziel, aber unbewußt, in blindem Drang, wie ein Nachtwandler. Das Schellengeläut der Phrasen, mit welchen sie sich ihren blinden Drang, ihren Weg und ihr Ziel deutlich machen will, hat wenig zu sagen. Die meisten Worte mischen sich in ihren Fortgang ohne Sinn, bloß zur Ermunterung, wie Hundegebell in's Räderrollen. **Wahrhaft bewußt** gehen den Weg nur wenige Auserwählte. Diese Wenigen sind Regulatoren, Lenker, Förderer, Bahnbrecher — sie haben den großen Zweck vor Augen — und **einzig diesen** — — Weißt du, Freund, was eine große Idee ist?

St. Just. Ich meine es zu wissen

Robespierre. Weißt du, was das Wort Consequenz sagen will?

St. Just. Ich denke.

Robespierre. Das ist mir lieb. — Der Einzelne, sein

Wohl und Weh, sein Leben, ist mir nichts. Ich lasse ihn unbedenklich für den großen Zweck über die Klinge springen. Bin ich grausam? Mutter Natur macht's ebenso. Ich wünsche, ich will, daß das Vernünftige sich auf Erden verwirkliche. Das ist mein Prinzip — mein Ideal — davon bin ich begeistert, oder besessen, wenn Du lieber willst, dämonisch besessen — — Das Unvernünftige stört mich, quält mich, wie ein Mißklang im Ohr. Ich kann es nicht ausstehen Ich will keine Könige, ich will keine Aristokraten, ich will keine Privilegien, ich will keine Priesterherrschaft, ich will keine Säbelherrschaft, ich will auch keine Pöbelherrschaft — nichts von einer Uebermacht, die Zufall, Geburt, eigensüchtige Schlauheit oder rohe Gewalt gewährt — denn das Alles ist Unvernunft und ein Gräuel auf Erden. Ich will keine andere Uebermacht als die der Vernunft über den Blödsinn. Wer zu den wahrhaft Bevorzugten gehört, erhält seine Präpotenz über die Menge nur dadurch, daß er dieser Menge gegenüber eine noch größere Menge vertritt: die Menschheit. Ich halte mich für einen von diesen. Ich fühle die Flamme der Menschheit in mir leuchten und brennen — Fiebergluten entzündet sie in mir — sie leuchtet, aber sie verzehrt auch — das Licht fordert Unterwerfung, Gehorsam — auch von mir — es ist grimmig — es verzehrt mein Menschliches — und dann wundern sich die Kleinen, daß ich ein „Unmensch" bin. Wer die Fackel dieses Lichtes trägt, ist dieses Lichtes Sklave: aber den Kindern der Finsterniß und der Dämmerung gegenüber ist er Herr und König. Könige wird es ewig geben. Aber Scepter und Kronen, und höfischer Mummenschanz, und riesige Civillisten, das ist Thorheit, das ist schnöde Unvernunft! Der bessere Kopf braucht nur hervorzutreten, um zu herrschen. Darum nichts von Dictatur, Freund! nichts von Dictatur! Nichts

von Namen und Titeln und Würden, nichts von Mummen=
schanz und Trabanten und Lictorenbeilen — dergleichen
compromittirt, discreditirt nur … Bleiben wir
auf republikanisch=gesetzlichem Wege. Wenn Frankreich thut,
was ich r a t h e — was brauch' ich zu b e f e h l e n? —
Nichts von Dictatur, Freund! verschone mich damit! —

St. Just. Ich begreife — schweige — bewundere …
Ich bin dein Sklave für immer. Verzeih, daß ich dich klein=
lich mit F ö r m l i c h k e i t e n behelligte. … In der S a c h e
sind wir e i n i g — in diesem Augenblicke m e h r a l s j e! —
— (nach einer Pause) Du gehst zu Danton?

Robespierre. In dieser Stunde noch.

St. Just. Um ihm den Puls zu fühlen? — Er ist
krank? —

Robespierre. Ja wohl.

St. Just. Glaubst du, daß er noch zu retten ist?

Robespierre. Ist er es — der Blitz treffe diese Hand,
wenn ich sie ihm nicht freudig und ehrlich reiche.

St. Just. Wenn aber n i c h t? Wenn der Arzt am
Krankenlager gezwungen ist zu sagen: D e r K r a n k e d a
m u ß s t e r b e n? —

Robespierre. Dann ist das kein Tyrannen= und Henker=
spruch — kein Todesurtheil —

St. Just. Nein, nur eine ärztliche Diagnose. — „Serpens
nisi serpentem comederit, non fit draco." (schüttelt Robespierre
die Hand zum Abschied.)

Robespierre. Laß das Sprüchlein! (St. Just ab) Hat
er mich ganz verstanden? Glaubt er an mich? — O, man
ist entsetzlich einsam in der Welt! — Man sollte sich gar
nicht die Mühe nehmen, zu sprechen. Die menschliche Sprache
ist zu verbraucht, zu abgegriffen und abgeblaßt, als daß
man irgend einem noch etwas aus der Tiefe heraus mit
Worten klar machen könnte (ab in's Seitengemach.)

Dritte Scene.

(Im Hause **Dantons**. Ein Gemach, ausgestattet mit reichem, fast überladenem Prunk; dabei jedoch eine gewisse Unordnung)

Danton (in vollem Staat und in einer theatralischen, bewußt-imponirenden Attitüde vor einer Porträtmalerin sitzend, die ihn eben malt: plötzlich aufspringend und vor die Leinwand tretend) Vortrefflich! — Aber die Haltung nicht frei genug — das Auge zu wenig gebieterisch — der Kopf nicht genug erhoben — großartiger, imposanter muß das Alles ausfallen — Gebt dem Bilde einen großen freien Schwung! — Seht mich nur erst genauer an, wie ich vor Euch sitze; und wie Ihr's an mir seht, so werft es hin! (er setzt sich in die frühere Positur, springt aber nach kurzer Pause wieder auf:) Ein klein wenig blasirt mögt Ihr den Danton malen, versteht Ihr? Wie zur Siesta hingestreckt, aber kolossalisch, und so, daß man sieht, er kann sich jeden Augenblick wieder aufrichten und das kleine Geschmeiß zermalmen — (er setzt sich, sieht aber bald wieder auf die Leinwand, ungeduldig) Zu wenig kühner, freier Schwung, sag' ich Euch, zu wenig Größe! Verwünscht! was soll die Nachwelt zu Eurem Danton sagen, wenn Ihr ihn so trübselig hinpinselt wie einen kranken Vogel? — Bedenkt doch, Beste, daß Ihr den Danton malt, den Septembriseur, und (er kneipt sie lächelnd in die Wange) das Idol der Weiber, die am Manne den Mann zu schätzen wissen . . . (er setzt sich, springt wieder auf) Wie wär's, wenn Ihr mich stehend maltet? Etwa in dieser Stellung? oder so? (er nimmt verschiedene Stellungen an) Aber malt, als wär's al fresco - malt wie Michel Angelo — in großen starken Zügen. Denkt — (die Porträtmalerin beginnt zu zittern, Thränen treten ihr in die Augen und sie sinkt in einen Stuhl) Was gibts, Dämchen? Was soll das?

Porträtmalerin. Eure Stimme, Bürger Danton, verursacht mir Nervenzufälle Verzeiht

Danton. Närrchen — Frau Marquise, wollt' ich sagen

— (mitleidig) Armes Kind! (sich zu ihr setzend, galant) Ich begreife — Ihr seid nicht in einem Maler=Atelier aufgewachsen, sondern auf glattem Salon=Parquett — Euer Gemahl Marquis, aber verarmt und zuletzt guillotinirt — nun steht Ihr allein, bringt Euch, wiewohl noch jung und schön, mit den Erheiterungskünsten Eurer früheren Muße fort — malt die Revolutionsmänner für Bezahlung — mich wundert's nicht, Frau Marquise (ihr galant die Hand küssend) wenn Ihr sie nicht con amore malt —

Porträtmalerin. Welche Hand könnte den Pinsel führen, ohne zu zittern, wenn sie einen Danton malt?

Danton. Und welche Hand — und wär's auch Dantons Hand — müßte nicht auch zittern, aber aus andern Gründen, wenn sie in diesen schönen, braunen, krausen Haaren wühlt? (er streift ihr mit der Hand durch's Haar — sie entzieht sich ihm.)

Diener (tritt ein) Bittsteller im Vorsaal —

Danton. Laß sie Alle zusammen eintreten. (Die Bittsteller treten ein.)

Danton (zu einer alten Frau) Was ist Euer Verlangen, würdige Dame?

Die Frau. Mein Sohn ist in der Armee — ein junger Löwe voll Ehrgeiz — er sucht Beförderung — Ihr seid allmächtig bei Dumouriez, Bürger Danton —

Danton (zu einem jungen Mädchen) Und Ihr, schönes Kind?

Mädchen. Mein Verlobter —

Danton. Im Kerker. Ich weiß. Kommt heut Abend wieder, gutes Kind; ich werde sehen, was ich euch dann für Trost geben kann (kneipt sie in die Wange) Kommt Ihr?

Mädchen (schüchtern) Verzeiht, Bürger Danton! Eure Großmuth —

Danton. Wird Euch das erlassen, meint Ihr? Auch gut (wendet sich zu einem Manne)

Der Mann. Bürger Danton, gibt es noch Gerechtigkeit in Frankreich?

Danton. Ich weiß es nicht genau. Fragt Robespierre.

Der Mann. Les't in dieser Schrift, was mir geschehen, und urtheilt.

Ein Greis. Bürger Danton, Ihr seht vor Euch einen Mann aus edlem Hause, ergraut im Dienste des Vaterlands — Auf meinem Schloße in der Dauphinée, Bürger Danton, sind tausend Champagnerflaschen die Hälse gebrochen worden auf das Wohl Dantons und der Republik — dennoch wurd' ich verdächtigt, in den Kerker geworfen, endlich entlassen, baar aller Mittel — Doch komm' ich, wie sich von selbst versteht, nicht um zu betteln — ich komme nur zu flehen, Bürger Danton, um Eure Verwendung für die straffreie Rückkehr meines ausgewanderten Sohnes — Wo ist noch Großmuth zu finden in Frankreich für meines Gleichen, als bei Danton?

Danton. Erlaubt, daß ich Euch vorläufig zwanzig Champagnerflaschen aus meinem Keller anweise, damit das Wohl Dantons und der Republik nicht Schaden leide.

Mehrere Bittsteller. Mein Vater — Mein Gatte — Mein Oheim —

Danton. Schmachten im Kerker? Geht nur, ich will Alles erwägen (sammelt die Bittschriften. Die Bittsteller ab. — Danton wirft die Bittschriften in den Kamin.)

Porträtmalerin (erstaunt) Man sagt doch, Bürger Danton, Ihr seid großmüthig?

Danton. Ja, aber nur jeden zweiten Tag. Wär ich's alle Tage, so ginge die Republik zu Grunde. Es war auch mit Ausnahme des prüden jungen Mädchens kein Gesicht in der Menge, welches verdient hätte, daß man sich zu seinen Gunsten bei den Jakobinern compromittirte. — Noch Jemand?

Der junge Herzog von Chartres *) (tritt ein.)

Danton (hat sich an einen Tisch gesetzt, in Papieren kramend, die darauf liegen; er setzt diese Beschäftigung mit der Linken fort, während er die Rechte, ohne aufzustehen, dem Ankömmling nachläßig zum Gruße reicht.) Was bringt Ihr, Chartres?

Herzog von Chartres. Bürger Danton, ich wende mich an Euch. Eben von der Armee auf ein paar Tage nach Paris zurückgekehrt, hör' ich, daß man anfängt, mich zu verläumden —

Danton. Man sagt, daß Ihr Euch mit andern Offizieren in der Armee beikommen laßt, über die Maßregeln des Convents den Kopf zu schütteln, daß Ihr die Opfer des Revolutions-Tribunals bemitleidet, daß Ihr zuweilen die unmaßgebliche Meinung äußert, es könne nicht immer so bleiben. Laßt das, junger Mann. Ihr dürft das nicht. Ueberlaßt das Andern. Ihr seid ein geborner Prinz; Ihr seid in königlichen Windeln gelegen; Ihr seid ein Bourbon, also aus einer Familie, von welcher, wie Ihr wißt, in diesem Augenblicke nur noch Wenige ausnahmsweise ihren Kopf besitzen. Wahrt den Euren!

Herzog von Chartres. Bürger Danton, Ihr wißt, wie ich erzogen worden bin. Ich habe die medizinische Schule besucht, wie ein Bürgerssohn, habe im Hotel Dieu bei den chirurgischen Operationen mitgeholfen, habe manchem verwundeten Sansculotten den Kopf verbunden, mancher armen alten Frau zur Ader gelassen.

Danton. Brav! Kehrt jetzt zu Eurer Armee zurück und — schweigt. Schlagt Euch tapfer, aber seid auch nicht allzu tollkühn ohne Noth. Ihr habt noch eine hübsche Zahl von Jahren vor Euch. In unserm lieben Frankreich weht veränderlicher Wind; die Franzosen haben ihre Schwächen,

---

*) Nachheriger König Ludwig Philipp.

ihre Gewohnheiten, ihren Kitzel, ihre tollen Tage, schwärmen heute für die Republik, morgen vielleicht für etwas Anderes. Wohl denen, die die Zeit erleben, wo ihr Weizen blüht. Wartet ab, duckt Euch, verschlaft den Sturm — Donnerwetter! Ihr seid ein Prinz — wer kann die Dinge berechnen? die Franzosen sind zu Allem kapabel (ihn auf die Schulter klopfend) Adieu, junger Mann! —

Der Herzog von Chartres (ab.)

Danton (sich zur Portraitmalerin zurückwendend) Ein Wölkchen auf Eurer Stirn?

Die Portraitmalerin. Ich dachte, wie sich die Zeiten und die Dinge in Frankreich so ganz, so merkwürdig verändert haben!

Danton. Thut Euch das leid? Ist sie Euch unbequem die neue Zeit?

Portraitmalerin. Mir hat sie nichts gebracht und viel genommen.

Danton. Habt Ihr den Schuldbrief, den Ihr an sie besitzt, schon präsentirt? Versucht's einmal! Ihr seid jung und schön, Dame! Ihr seid jung und schön. Die Münzen gelten unter j e d e r Staatsverfassung. Wirf den Pinsel weg, Kind, und gib dem Republikaner Danton einen Kuß! (sie sträubt sich) Dich sträuben? Mit diesem kleinen weißen Händchen? Gegen Danton? Du könntest eben so gut den Thurm von Notredame als Nadelbüchschen in die Tasche stecken wollen. Sei meine Omphale, Kind, ich bin dein Herkules! (Er küßt sie. In diesem Augenblicke ist R o b e s p i e r r e eingetreten; er schreitet geräuschlos und langsam bis zur Mitte des Gemaches vor. Die Beiden werden ihn gewahr. Die Malerin erröthet, packt ihr Geräth eilig zusammen und huscht hinweg, ängstliche Blicke von der Seite auf Robespierre werfend, und ihm in einem weiten Bogen ausweichend.)

Vierte Scene.

Robespierre (noch immer in der Mitte des Gemaches stehend) Danton amüsirt sich?

Danton. Warum nicht? Gott Amor ist ein braver Sans culotte. — Und warum soll sich Freiheit der Liebe nicht vertragen mit Liebe der Freiheit? — Laß dich nieder! (Sie setzen sich) Kein Rhadamantusgesicht, Robespierre! du machst mir bange!

Robespierre (hier wie im Folgenden immer mit großer Ruhe sprechend) Wer kann wetteifern mit deiner immer blühenden Heiterkeit? Deine Gestalt schwillt und rundet sich täglich mehr . . .

Danton. Siehst du? Es ist ohne Zweifel das Fett der Reaction, was sich bei mir ansetzt.

Robespierre. Ich trau' ihm nicht. Du bist ein beleibter Choleriker.

Danton. Bei Solchen, meinst du, glüht das Feuer auch unter dem Fett, wie griechisches Feuer unter dem Wasser?

Robespierre. Allerdings.

Danton. Ja, ich verberge unter dem scheinbaren Phlegma den kecksten, revolutionärsten Plan —

Robespierre. Wirklich?

Danton. Höre, Robespierre! Ich will heirathen!

Robespierre. Auch das muß überraschen

Danton. Ja, ich heirathe, gehe auf einige Wochen, Monate, wer weiß wie lange, aufs Land mit meinem reizenden, jungen Weibchen. Thut einstweilen, was ihr wollt Ich gehe euch aus dem Wege. Ich will eure langen, gesinnungstüchtigen Conventsreden nicht mehr hören. Ich habe das doctrinäre Wesen und den blutgemischten Pariser Straßenstaub und die weichen Pariser Lotterbetten satt. Ich will zur Abwechslung ein unschuldiges Weib im harzduftigen Wald auf einer Streu von Tannennadeln küssen.

Robespierre. Du, Gaukler, willst dich jetzt fixiren?

Danton. Ja. Siehst du, es kommt für den Mann eine Zeit, wo er das Herumnaschen in allen Kelchen satt hat. Bequemlichkeit, Behaglichkeit, nicht mehr die sich abhetzende wilde Freudenjagd der Jugend, sind dann sein Ideal; ein Weibchen, bequem zur Hand, ein lächelnder Range in der Wiege — ich male mir dieses Pfahlbürgervergnügen gar nicht übel aus.

Robespierre. Und das Mädchen deiner Wahl?

Danton. Sechzehn Jahre! Frisch, naiv, verliebt und über alle Beschreibung reizend. Sie gilt als das schönste aller Mädchen von Paris.

Robespierre. Aus guter Familie ohne Zweifel —

Danton. Ich habe nicht viel darnach gefragt. Die Mutter ist eine bigotte Närrin vom alten Schlage, die durchaus haben will, daß ich mich mit ihrem Töchterlein durch einen n i c h t a u f d i e V e r f a s s u n g b e e i d e t e n Priester trauen lasse.

Robespierre. Du wirst —

Danton (lachend) Der Alten den Willen thun — weil sie es unbedingt verlangt —

Robespierre. Gibt es nicht einen Paragraphen der Constitution —

Danton. Das schönste Mädchen von Paris, lieber Robespierre! — Wo ist euer Paragraph? Was will er? Ich brech' ihm den schön gebogenen Hals, wie einer Champagnerflasche! — Laß dir sagen, lieber Robespierre, das Mütterlein will auch — als conditio sino qua non, hörst du? — daß ich mit dem Bräutchen vor der Vermäh=

lung nach gutem, altem christlichem Gebrauche zur Beichte gehe —

Robespierre. Und du?

Danton. Ich werde gehen. Laß dir einstweilen die Grabschrift machen, wenn du dich bei dieser Gelegenheit, so ernst du bist, zu Tode lachst.

Robespierre. Danton im Beichtstuhl — allerdings — das Leben wirft seltsame Blasen des Humors — Was werden die Sansculotten dazu sagen?

Danton. Was die Athener sagten, als Alcibiades seinem Hunde den Schwanz abschnitt. Sie werden die Köpfe schütteln und einstweilen nichts Schlimmeres von mir reden.

Robespierre. Ich dachte dich nicht so weit.

Danton. Denk' es immerhin. Ich bin entsetzlich apathisch geworden. — Ich spüre eine gewisse unüberwindliche Müdigkeit in mir.

Robespierre. Du, das Bild der Energie? die dämonische Seele der Septembertage?

Danton. Laß die Septembertage. Gerade von daher spür' ich die verdammte Müdigkeit. Dergleichen wirkt nach wie große Strapazzen zu Fuß; man spürt die müden Glieder erst den andern Tag —

Robespierre. Eine stahlharte Seele, die sonst nicht zu biegen noch zu brechen ist, mag zuweilen durch Temperaturwechsel eine Art Sprung oder Riß bekommen — — Deinen Kraftüberschwang aber kann ich mir nicht müßig denken — —

Danton (nach einer kleinen Pause) Sterben ist zuweilen die höchste Bethätigung des Lebens — vielleicht ist Ruhe zuweilen die höchste Bethätigung der Kraft — — Da hast du eine brillante Sentenz — denke dir dabei was dir gefällt.

Robespierre. Du bist nicht der Mann, freiwillig abzudanken.

Danton. Der Paradiesvogel, sagt man, fliegt schlafend, und findet sich, wenn er erwacht, am Ziel. Nehmt mich einstweilen für bankrott, wenn's euch Vergnügen macht. — Wozu die tolle Hast? Die Welt ist voll von mittelmäßigen Kerlen, und ein rechter so selten, daß ihm der Sieg, sobald er ihn verlangt, noch immer gewiß bleibt, mag er sich nun auf den Kopf, oder auf die Beine stellen (er steht auf und macht einige hastige Schritte durch's Zimmer) Aber ist's der Mühe werth? Gelingt's nicht jedem Zwerg, sich wichtig zu machen? Ich wollt', ich wär' in der Zeit geboren worden, als man noch zu Pferde steigen und den Säbel in die Faust nehmen mußte, um zu gelten. Heutzutage wird Jeder hinter dem Ofen ein berühmter Mann.

Robespierre (nimmt ruhig ein Buch vom Tisch und öffnet es) Der „Chevalier Faublas?" Das ist —

Danton. Ein gutes Buch, denn es ist nicht langweilig. Das kann man von Rousseau's „Gesellschaftsvertrag" nicht sagen. Rousseau hat —

Robespierre. Was dir fehlt — eine große Idee.

Danton. Die habe ich allerdings nicht. Mein Kopf ist eine Republik, in welcher keine fixe Idee als Gedankenmonarch regiert.

Robespierre. Was hat vordem den Stürmer Danton geleitet, wenn nicht eine Idee?

Danton. Wenn ich's nur selbst wüßte! Ein dummer Instinkt vielleicht. Wir sind Alle die Narren geheimer Instinkte. Aber ihr schnitzelt euch aus lebendigen Instinkten, wie aus lebendigen Waldbäumen, todte, hölzern-steife Ideengötzen. — Laßt mich in Ruhe — das Leben ist eine dumme Komödie — es ist die tolle Jagd nicht werth. Geht zum

Henker mit euren aus dem Cicero und Epictet geholten
Floskeln. Tugend und Schrecken — muffliger Bücherstaub,
aufgefrischt mit Blut — unerquickliches Amalgam! — Ihr
wollt alle Fesseln brechen und doch wieder den Staat nach
einer dürren Verstandesschablone verknöchern. Euer Commu=
nismus wird die Welt bald so einförmig, poesielos und lang=
weilig wie ein großes Arbeits= oder Zuchthaus machen. Die
Leute werden wie Galeerensträflinge alle im selben Kittel
laufen. Ihr schafft die alten lustigen Feiertage ab, und
wollt dafür mit neuen staubtrockenen Allegorien den Pöbel
begeistern — ihr streicht die Heiligen aus dem Kalender,
und setzt dafür Rübe, Pastinak und Sauerkraut hinein.
Wie schal und ledern ist das Alles! Die Franzosen sind
zur Hälfte Barbaren, zur Hälfte Pedanten geworden. Sie
wollen Spartaner sein und Römer und was weiß ich —
statt als Franzosen die Feinde ritterlich zu schlagen, und
im Uebrigen, wieder als Franzosen, das neu gewonnene,
vom Druck des Aberglaubens und der Despotie befreite
Leben heiter zu genießen!

Robespierre (will antworten, besinnt sich aber, steht auf und
macht einige Schritte, während Danton ihn fixirt. Dann zu diesem zurück=
kehrend mit der gewohnten Ruhe) Danton, ich nehme an,
du bist ein ehrlicher Mann — aber sieh' ein wenig
um dich, Danton, und sag' mir, ob es die ehrlichen Leute
sind, die aufrichtigen Freunde der Republik, welche die
Tugend lächerlich und den Schrecken unbequem zu finden
pflegen? Danton ich nehme an, du bist ein ehr=
licher Mann — aber ich kann dir nicht verbergen, daß
es Patrioten gibt, welche behaupten, daß es Danton weniger
darum zu thun ist, die Güter der Freiheit dem Volke zu
wahren, als in Ruhe die seinigen, und wär's auch unter
den Bourbonen, zu genießen — (Danton will ihn unterbrechen,

Robespierre fährt fort) Danton, ich nehme an, du bist ein ehrlicher Mann, und ich habe dich vor ein paar Wochen im Convent mit Energie vertheidigt. That ich das?

Danton. Ich hab' es nicht vergessen. Es kam mir so vor, als brauchtest du mich noch, und — (lachend) du sahst dabei aus, guter Robespierre, als wolltest du mir sagen wie der Cyklop dem Ulyß: Dich speis' ich aus Freundschaft zuletzt. — Was trennt uns h e u t e?

Robespierre. Nichts, wenn du so freimüthig zu sprechen fortfährst, als du bisher gesprochen (er setzt sich wieder) Danton, man spricht von gewissen Transportwagen, die, mit Werthsachen belastet, unter deiner und Lacroix's Obhut in Belgien standen, und abhanden kamen, man weiß nicht genau, wohin? —

Danton (lachend) Ja, und von dem Gelde, mit welchem Demoiselle Montansier die Salle de l' Opèra baute, und das aus den Taschen Danton's geflossen sein soll — und von Diamanten aus den Tuilerien, die in den Händen Danton'scher Agenten geblieben sein sollen —

Robespierre. Leere Fabeln?

Danton Lieber Robespierre! kein Mensch auf Erden ist so schlecht, daß nicht wenigstens die Hälfte von dem, was man ihm nachsagt, erlogen wäre.

Robespierre (blickt im Gemach umher) Wie Marat lebst du nicht!

Danton. Am Ufer der Aube, im ländlichen Häuschen, wuchs ich auf, ein unbändiger Range. In die Schule lief ich baarfuß, lernte nichts — wußt' aber doch Alles. Ich bin ein geborner Sansculotte — was wollt ihr mehr?

Robespierre (der wieder aufgestanden und sich im prachtvollen Gemache umgesehen, wirft eine kostbare Statuette, eine nackte Bacchantin vorstellend, wie aus Ungeschicklichkeit herab, indem er sie mustert) Vergebung! — Was hat das Stück gekostet?

Danton. 500 Francs! Kleinigkeit!

Robespierre. Wir rechnen später ab. — Du wohnst bequem —

Danton. Wer früh hungert, wird später leicht Gourmand. Man muß es der aristokratischen Canaille zeigen, daß die Patrioten auch nicht hinter den Zaun gehören.

Robespierre (zieht ein Blatt aus der Tasche) Dies Blatt ist gestern in meine Hände gekommen. Man fand es unter den Papieren, die in den Tuilerien zurückgeblieben. Es ist eine Quittung, ausgestellt vom Bürger Danton, lautend auf 100.000 Francs, empfangen aus der königlichen Privatkasse — — Gefälschte Handschrift? Sag' Ja, und ich werfe das Blatt in den Kamin —

Danton. Nein.

Robespierre. So warst du bezahlt?

Danton (lachend) Bezahlt, doch nicht gekauft —

Robespierre. Wie meinst du das?

Danton. Man bot mir die Summe unter einem schicklichen Vorwand. Ich sollte sie „zum allgemeinen Besten" verwenden. Man meinte, ich würde die wahre Absicht wohl versteh'n. Ich verstand sie nicht —

Robespierre. Du nahmst das Geld —

Danton. „Zum allgemeinen Besten" — und machte Herrn Louis Capet die Hölle heißer als zuvor.

Robespierre (erblickt ein Bildniß der guillotinirten Königin Marie Antoinette; darauf hinweisend) Und dennoch Royalist? Marie Antoinettens Bild im Hause des Republikaners?

Danton. Ein schönes Weib! was weiter? du meinst doch nicht, daß man mit Weibern Krieg führen soll?

Robespierre. Ich verstehe mich nicht auf die Regeln der Galanterie.

Danton (vor das Bild tretend) Sag mir, Robespierre, hast du das lebende Urbild nie als Mensch, als Mann betrachtet?

Robespierre. Betrachtet? Nie!

Danton. Sie war das schönste aller Weiber. Schon in meinen Töpeljahren schwärmt' ich für die königliche Frauengestalt. Sie war, so zu sagen, meine erste Flamme. Als Demagog von Einfluß hatt' ich später mit ihr persönlich zu verkehren. Du weißt, der Hof paktirte mit den Demagogen. An dieser Königin hätt' ich zum Ritter werden können. Es kam aber nicht so weit.

Robespierre. Du spieltest doch auch ihr gegenüber den Tyrannenfeind? Ich erinnere mich, daß du damals den Antrag stelltest, sie aus dem Land zu verbannen, sie an den Kaiserhof nach Wien zurückschicken —

Danton. (lächelnd) Sie hat sich's schwerlich besser gewünscht . . . Wär' es gescheh'n, so säße ihr schönes Haupt noch heute fest, und (sich wegwendend) Danton hätte nicht an einem gewissen nebligen Morgen, als ein gewisser Karren durch die Straße rasselte, aus übergroßer Eile (oder was es sonst war) mit der geballten Faust das Fenster eingedrückt . . .

Ein Diener (tritt ein) Die Bürger Camille Desmoulins Lacroix, Fabre d'Eglantine, Philippeau, Herault des Sechelles, Carrier!

Fünfte Scene.
(Die Gemeldeten treten ein.)

Danton (ihnen entgegen) Willkommen, Freunde! Das nenn' ich zur rechten Zeit eintreffen. Ihr bringt Succurs (schüttelt den Einzelnen die Hand) Willkommen, Camille! Was macht dein Weibchen? (zu Fabre) Hoch die schönen Künste und Wissenschaften! Willkommen Fabre! — Guten Tag, Herault und Lacroix! (Letzterem vertraulich die Hand drückend)

Camille. Da führ' ich dir Carrier zu, den Patrioten, den Schrecken von Nantes, aber unter guten Freunden ein lustiger Gesell —

Danton. Alte Bekanntschaft! (schüttelt ihm die Hand) Willkommen Alle. Ihr bringt, wie gesagt, eurem Freunde Succurs — (er weist auf Robespierre — flüchtige Begrüßung.)

Camille (ergreift mit großer Innigkeit Robespierre's Hand) Danton und Robespierre beisammen? Mein Herz strömt über von Entzücken. Zwei Heroen, der Republik in gleichem Maße unentbehrlich! Danton, der Diomed der Revolution, der gewaltige Rufer im Streit, und Robespierre, ihr Ulyß! — Auf deiner Stirne steht ein Wölkchen, Robespierre? — Wieder uneins? Ihr, einst schier ein Mann, ein Leib?

Danton. Ja, es gab eine Zeit, wo wir beide Einen Leib ausmachten, und so verträglich lebten, wie Kopf und Schwanz einer Schlange. Jetzt aber ergeht es uns wie einem gewissen Gethier, dessen beide Leibeshälften, wenn man sie auseinander hackt, sogleich auf einander losgehen und sich befehden —

Camille. Ihr sollt wieder zusammenwachsen. Und das heute. Wir wollen euer Kitt sein. Auf dem Wege trafen wir St. Just, und als wir von ihm hörten, daß Robespierre bei Danton sei, luden wir ihn gleichfalls ein, zu kommen; die Gelegenheit einer vollen Versöhnung und Verständigung der besten Männer Frankreichs müsse beim Schopfe gefaßt werden. Er rief: „Zu Danton seid ihr geladen? da braucht auch Robespierre seine Secundanten. Ich komme. Und ich werde auch Couthon mit mir bringen — sollte ich den gichtbrüchigen Alten auch dahin tragen lassen müssen."

Danton. Sehr gut. Läßt sich der alte Schelm doch im

Convent auf die Rednerbühne schleppen, warum nicht auch in Dantons Haus? — Ihr frühstückt doch mit mir, Freunde? Mein Mund ist trocken geworden. Robespierre, du siehst, man denkt nicht daran, dich weggehen zu lassen — ergib dich nur! (die Hinterwand des Gemaches wird bei Seite gezogen; ein Saal erscheint, ein reiches Dejeûner ist aufgetragen. Die Männer setzen sich nach Danton's Weisung um den Tisch. Danton will Robespierre den Platz an seiner Seite anweisen. Robespierre sagt: „Ein Wort mit Carrier!" und setzt sich neben diesen. Die Tafel steht der Länge nach gegen die Tiefe der Bühne. Am obern, vom Zuschauer am weitesten abgewandten Ende sitzt Danton. Am Ende der untern Langseite der Tafel, dem Zuschauer am nächsten und ihm das linke Profil zuwendend, sitzt Robespierre neben Carrier.)

Danton (während die Gläser gefüllt werden) Freunde! Ihr werdet heute mit mir ein Glas leeren auf das Wohl eines sechzehnjährigen, reizend=holden Kindes, auf das Wohl Louise Gély's, mit welcher euer Freund sich morgen vermält in der Kirche zu Sèvres!

Die Freunde (erstaunt) Danton Ehemann?

Camille. So überrascht man seine vertrautesten Freunde? Es lebe Louise Gély! (Alle stimmen ein und leeren die Gläser.)

Danton. Es lebe Louise Gély, bald mein Weibchen, mir angetraut in der Kirche zu Sèvres, und zwar — (Robespierre mit Lächeln einen Blick zuwerfend) jetzt kommt der Hunde=schweif des Alcibiades! — von einem nicht auf die Verfassung beeideten Priester — denn so fordert es die theure Schwiegermutter, eine gottesfürchtige Frau von altem Schrott und Korn, und — ihre Tochter ist, wie ihr wißt, das schönste Mädchen von Paris! Es lebe die brave Schwiegermutter!

Camille. Danton, du bist übermüthig —

Danton. Wie ein Bräutigam.

Ein Diener (tritt ein) Bürger St. Just und Bürger Couthon! (St. Just tritt ein, hinter ihm wird Couthon von zwei Dienern in einem Fauteuil hereingetragen.)

Danton. Guten Tag, St. Just! — Was Teufel, Couthon?

Couthon. Vergebung, ehrenwertheste Männer und Freunde, wenn man mich, statt ins Hospital, in eure lustige Gesellschaft brachte. St. Just kam zu mir und stopfte mich aus dem Bette in eine Sänfte, und hier im Vorsaal schüttelten mich Eure Trabanten, Danton, aus der Sänfte in einen Fauteuil — zum Glück waren's keine Bursche mit groben Republikanerfäusten, sondern artige, feine Gesellen, so daß sie mir nicht weher thaten als unbedingt nöthig —

Danton (lachend) Immer der alte, böse Schelm! Hieher an meine Seite, Couthon! Euch muß doch der Wirth in seine besondere Obhut nehmen. (Man trägt den Fauteuil mit Couthon an die Seite Dantons. Dieser füllt ihm das Glas) Setz dich St. Just! — Das Beste habt ihr beide schon versäumt. Wir tranken soeben auf das Wohl des reizendsten Mädchens von Paris.

Couthon (trinkend) Sie soll leben — unbesehen!

Danton (zu ihm) Ich werde sie heirathen, lieber Couthon!

Couthon (wieder anstoßend) Dann sollst du auch leben —

Camille (nach einer kleinen Pause sich erhebend; mit Feierlichkeit) Liebe, verehrte Freunde! erlesenste Männer der Republik! Wir finden uns heute zusammen, wie es lange nicht geschehen. Meine Pulse schlagen, denn diese Stunde ist eine entscheidende. Ein geheimer Riß geht seit einiger Zeit durch's Herz der Republik. Ob sie verbluten, oder neu genesen und für immer ganz und einig sein soll, und unüberwindlich — das hängt vom Zusammengehen der beiden Giganten ab, welche die neu geschaffene Welt auf ihren Schultern tragen. Diese beiden Giganten sehen wir heute wieder hier vor unsern Augen an einem Tisch! — Bürger Robespierre, Bürger Danton, wollt ihr das Aug' aller Patrioten überfließen sehen vor Rührung' und Freude, so reicht euch die Hände zu voller, ganzer Versöhnung, zu fortan ewigem Bruderbunde! Füllt eure Gläser, und geht uns voran mit begeisterndem Beispiel; stoßt an, ihr beiden zuerst, vor unsern Augen, zur Gewähr einer schönen, einträchtigen Zukunft, auf das Wohl der Republik! (Alle erheben sich begeistert, durcheinander rufend: Hoch Danton! Hoch Robespierre! Versöhnung! ewiger Freundschaftsbund! Stoßt an! geht uns voran, wir folgen!)

Danton. Was meinst du, Robespierre?

Robespierre (in ruhigem Tone) Was sollt' uns hindern zu trinken auf das Wohl der Republik?

Danton. Wohlan! (bringt ihm das Glas entgegen) Sie lebe!

Camille. Halt! Eure Herzen müssen sich wie eure Gläser berühren! Von dieser Minute hängt das Wohl Frankreichs, die ganze Zukunft der Republik ab. Seid ihr beide entschlossen, fortan euch als Freunde zu verständigen, Hand in Hand den Mittelweg zu gehn, der zwischen euren bisher nach links und rechts auseinanderlaufenden Pfaden liegt, und der gewiß zum Heile führt? Bist du's Danton?

Danton. Ein Bräutigam schließt alle Welt versöhnt an's Herz.

Camille. Und Robespierre?

Robespierre (gelassen aber mit Nachdruck) Vermag es Danton wirklich, aufrichtig und vom Herzen zu trinken auf's Wohl der Republik — so hat er keinen wärmern Freund als mich.

Danton (ihm das Glas entgegenbringend) Es lebe die Republik!

Robespierre (anstoßend) Sie lebe!

Alle (in freudiger Begeisterung durcheinander anstoßend) Es lebe die Republik! Es lebe Danton! Es lebe Robespierre!

Camille (gerührt) Es lebe Frankreich! Es lebe das, von

Frankreichs Patrioten zuerst verkündigte, **unsern Häuptern und Händen** anvertraute Ideal der Freiheit, der Gleichheit, der Brüderlichkeit auf Erden! Leuchte der Stern des Menschenheils bald **ungetrübt** aus Gewölk und Wetterstürmen! —

Danton (nachdem er seinen Pokal wiederholt in raschen Zügen geleert) Freunde! wenn ich sage, mein Herz ist versöhnlich, wie das eines Bräutigams, so nehmt es, wie ich sage. Es verhält sich wirklich und wahrhaftig so. In meinem Herzen ist kein Arg! Die Flut des Champagner's moussirt in meinem Gehirn. Bordeaux her! Dieser Goldwein löf't mir sonst das Blut in lauter sprudelnde Perlentropfen auf. Oder ist's das Morgenroth, das der Sonnentag meines jungen Eheglücks vorausschickt, was mir die Welt so rosig malt? Oder ist's, weil ich von Natur doch ein gutmüthiger Geselle bin, und Wallungen und Augenblicke habe, wo man mich von meinem Freunde Camille nicht unterscheidet, den ich in meinen männlichen Stunden ein Kind nenne? Genug, ich sage: der Teufel hole allen offenen und geheimen Zank und Streit. Robespierre, glaub' es mir, ich habe kein Arg gegen dich in meiner Brust. Ich achte dich. Vielleicht hast du zuweilen Recht — wenigstens eben so gut als ich. Nimm die Lava-Schlacken meiner vulkanischen Natur nicht immer für geprägte Münzen meines Geistes. Reich mir die Hand, Robespierre! ich achte dich! (Er steht auf und reicht über die Tafel hin Robespierre die Hand, indem Beide sich einander so weit nähern, als es bei der Länge der Tafel durch das Zusammenrücken und Ausweichen der Andern möglich ist.)

Camille (gerührt) Bewahre dir den schönen Liebesüberfluß, Danton! (drückt ihm die Hand.)

Danton (mit Zeichen leichter Berauschung) Das ist das rechte Wort Liebesüberfluß. Mein Herz wogt über. Heute könnt ich sogar dem schmutzigen Marat einen Kuß auf sein breites, häßliches Maul geben, wenn er noch lebte. Das war ein Sansculotte! Sei ihm die Erde leicht!

Fabre. Ja, der verstand sich auf den großen Stil des Patriotismus. Wie ein Molch im finstern, dumpfen Keller hausend, Gift ausbrütend gegen alle Feinde der Freiheit — als Republikaner ganz Stachel, Giftzahn, Schneide, als Mensch scheußlich, todsiech, bettelarm . . .

Danton. Ich habe oft gedacht: es ist Schade, wenn diese merkwürdige Creatur durch Meuchelmord umkommt, oder im Bette stirbt! Sein über alles Maß häßlicher Kopf wär' für die Guillotine das allerschönste Fressen in ganz Frankreich! — Jetzt denk' ich seiner mit Wehmuth. — Wo mag er sitzen, Couthon? im Himmel, oder in der Hölle?

Couthon. Im Narrenparadies — im Mond.

Danton. Es sei ihm vergönnt! (leert seinen Becher) — Er ist dahin, und Hebert auch, und Chaumette und Anacharsis und Ronsin und hundert Andere. Auch die glänzendsten Redner der Republik, die Girondisten. Auch sie geköpft, geköpft, geköpft der Reihe nach, mit einziger Ausnahme derjenigen, welche auf der Flucht in den Wäldern verhungerten oder von den Wölfen gefressen wurden. Madame Roland würde den Kopf verloren haben, wenn sie ihn nicht auch schon auf dem Schaffot verloren, und wenn sie die paar Knochenreste gesehen hätte, welche die gefräßigen Thiere von dem schönen Buzot übrig gelassen hatten. Hu — dagegen ist die Guillotine ein weiches Bett! — Verdammt! es ist eine wunderliche Zeit! die Köpfe sind in Frankreich alle so wackelig und so geneigt zum Abfall, wie Blätter im Herbste. Es gibt jetzt so Wenige, die in ihrer letzten Stunde ein Kissen unter dem Kopfe haben. Ungemüthlich muß es sein, wenn Kopf und Rumpf im letzten Augenblick getrennte Wirthschaft führen wollen und jedes auf eigene Faust die letzte Reise antreten soll. Wir sitzen da heute beisammen, eine gute Zahl vortrefflicher, erlesener Leute: glänzende Redner, klangvolle Namen — die aufgewecktesten Köpfe Frankreichs — da ist der edle Camille, der geistreiche Fabre, der glänzende Herault, Lacroix und Philippeau, meine alten Freunde und Kameraden, da ist Carrier, der feurige Patriot, da ist der tiefsinnige Robespierre, der ritterliche St. Just, da ist Couthon, der klügste, alte Bursche in ganz Frankreich — Was ist denn das? es überkommt mich eine närrische Rührung, wenn ich so hinblicke über diese besten Köpfe Frankreichs — K ö p f e? das Wort hat, weiß der Teufel, so eine Art von unheimlichen Klang — ich getraue mich gar nicht einmal recht hinzublicken über Eure Köpfe — mir ist, als könntet Ihr plötzlich alle zusammen o h n e K ö p f e vor mir dasitzen — Dummes Zeug! der Bordeaux ist ein tückischer Gesell, er macht schwindelig — es wäre doch merkwürdig, verdammt merkwürdig, wenn etwa von Allen, Allen, die wir hier vereinigt sitzen, nicht ein Einziger …

Camille. Danton, was kommt dir doch nur zu Sinn? Du verdirbst die Stimmung!

Danton. Nein, das will ich nicht. Ich bin ja heiter, sprudelnd heiter! Man muß so verfluchten närrischen Anwandlungen zuweilen auf einen Augenblick ihr Recht lassen — der gedämpfte Springborn der L e b e n s l u s t sprudelt dann um so kräftiger, um so toller wieder empor! Heissa, wir Alle wissen, was Leben ist und Lebenslust! Es lebe, wer von sich sagen kann, daß er so wie wir mit französischer Grazie, nach Voltaires und Diderots Recepten, den süßen Schaum vom Lebenswein geschöpft! — Gib mir die Rose, die du in deinem Knopfloch trägst, Camille! (er nimmt sie) Ich will sie zerpflücken und ihre Blätter in unsere Becher streuen! (er streut die Blätter nach rechts und links über die Becher hin) Es lebe die Freude, Brüder! es lebe die Lust! es lebe die Liebe! es lebe das schöne, das rosige Leben! (er erhebt sich, den Becher in der Hand, mit ihm die Andern) Wohlauf, Freunde! ein Hoch dem Leben!

> Wir genießen das Leben, das rosige, helle,
> Und stehen wir einst an des Hades Schwelle,
> Der Becher entsinkt aus den Händen uns nicht,
> Wir bringen ein Hoch noch dem goldenen Licht!

Es lebe das Leben!

Alle (zutrinkend) Hurrah!

Danton. Robespierre, du nippst bloß! Es lebe das Leben!

Robespierre. Es lebe! — Aber auch ich will einen Toast ausbringen!

Alle. Hört, hört! Robespierre will einen Toast ausbringen! (Stille der Erwartung.)

Robespierre (sich erhebend, und im Kreise, der mit Spannung ihm zugewendet ist, umherblickend, nach einer Pause) Einen Toast habe ich euch versprochen. Ihr kennt mich. Ich bin ein Mann des Ernstes. Ihr habt ein Hoch dem Leben ausgebracht. Das Leben ist viel — aber nicht das Höchste — nicht das einzig Hohe. — Oder doch? — Vergebt, wenn ich es nicht weiß. Vielleicht habt ihr Recht. Der Abwechslung aber zu Liebe, da wir auf das Leben uns schon zugetrunken, erlaubt, daß ich einen Toast ausbringe auf das, woraus neues Leben ewig keimt — es lebe, worin das Leben sich ewig läutert, sich ewig schöner verjüngt — es lebe der Tod! — (Schweigen im Kreise.)

Danton. Ein trübseliger Toast, aber Robespierres würdig. Mit Gläsern kann man auf diesen Toast nicht anstoßen. Wir müßten erst nach dem Beinhaus schicken und Todtenschädel dazu kommen lassen. (er füllt die Gläser) Freunde, trinkt, und laßt über der schwarzen Kluft, in welche unser schwarzgalliger Freund Robespierre soeben seine Libation hinabgoß, die Schaumrosen der Fröhlichkeit und die Raketen des Humors um so kräftiger aufleuchten! — Fabre, du leerst deinen Becher auch immer nur halb!

Herault. Fabre küßt lieber als er trinkt —

Lacroix. Bei Lichte guckt er stumm in's Glas — er macht seine Streiche im Finstern — er ist nicht besser, als seine Komödien.

Fabre. Ihr lügt. Autoren sind immer das Gegentheil von ihren Büchern.

Herault. Schweig! Demoiselle Ninon von der Rue Vallon erzählte mir gestern Dinge von dir zum Todtlachen.

Fabre. Es lebe die Galanterie! Verdammt sind alle Franzosen seit Voltaire ohnehin. Die gottlose Revolution hat uns Alle zu Atheisten, Materialisten gemacht. Bacchus ist unser Heiland, Venus ist unsere Madonna, unsere Engel trinken Champagner und kommen am Morgen aus der Gesellschaft mit Weinflecken in den Unterröcken heim —

Danton. Robespierre runzelt die Stirn. Erzählt ihm Blutgeschichten. Die gefallen ihm besser. Carrier, du kommst von Nantes — ist noch was übrig von dem Orte? oder hast du dich auch, wie der edle Septembriseur Tallien zu Bordeaux, zahm machen lassen von einer schönen hispanischen Gräfin?

Camille. Alle französischen Ströme wälzen Leichen in's Meer. Die Ufer der Loire sind schwarz von Raubvögeln, die sich nähren von den Ueberresten der Rebellen von Nantes. — Die Freiheit ist eine Aphrodite, die aus Blutwellen steigt.

Danton (anmuthig seinen Becher leerend, wobei ihn Camille ängstlich anblickt) Euer Schreckenssystem trifft die Unschuldigen mehr als die Schuldigen!

St. Just. Gegen die Schuldigen brauchen wir den Schrecken nicht; da kommt er zu spät. Die noch Un s ch u l d i g e n müssen abgeschreckt werden. Der Schrecken ist im Parteienkampf erlaubt, wie alle Waffen im Kriege.

Danton (aufbrausend) O diese verwünschten Idealisten! sie möchten gern ein Rudel Kometen bei den Schwänzen zusammenbinden und sie als Fuchtel brauchen — sie reißen den Mund auf, als wollten sie alle Sternhaufen des Himmels in sich schlingen — Schade, daß ihnen nichts hineinfliegt, als ein Mückenschwarm — geht doch, geht! an euren Theorien ist nichts reell, als das Blut, das ihr dafür vergießt!

Robespierre (ruhig) Danton, das blutigste von allen Blättern in der Geschichte unserer Revolution sind die Tage des Septembers, an welchen gedungene Meuchelmörder die Gefangenen in den Kerkern, die Mönche in den Zellen erwürgten. Diese Meuchelmörder, die in den Höfen der Gefängnisse jeden Abend tabackschmauchend auf Leichenhügeln saßen, bezogen ihren Taglohn heimlich von der Commune von Paris. Und an der Spitze der Commune stand D a n t o n.

Danton (heftig) Schweige mir vom September, wer den schlummernden Löwen in mir nicht reizen will! — Die Provinzen brannten in Aufruhr, die Kriegshaufen des Auslandes marschirten gegen Paris und stachelten in französischem Herzen die wildesten Instinkte auf! Die Feinde im Innern mußten zertreten werden. Der September war ein Akt des Jähzorns Man ist nicht alle Tage jähzornig. (sich erhebend) Schweigt mir vom September, ich will nicht daran erinnert sein! (Camille drückt ihn beschwichtigend auf seinen Stuhl zurück).

Fabre. Es ist wahr, man sollte der Commune den September nicht vorwerfen. Ich fordere jeden Unparteiischen auf, zu läugnen, wenn er es vermag, daß Danton selbst, und wir, seine Freunde, in jenen Tagen, als das Blutbad im Ganzen unvermeidlich war, doch links und rechts so viel von den Todgeweihten durchschlüpfen ließen, als eben möglich war.

Couthon. Ich bezeuge das. Ich habe gesehen, Fabre, wie du auf dem Stadthause das Billet schriebst, das deinem verhafteten Koche die Freiheit wiedergab . . .

Lacroix. Der Blutdurst der Dantonisten war bald gestillt. Wer z e i t l e b e n s nach Blut lechzt, ist ein Tiger.

Robespierre. Und wer nach G o l d lechzt, ein Verräther.

Lacroix. Ist das eine Anspielung?

Robespierre. Nein — eine A n k l a g e! — — (Sensation unter den Anwesenden.)

Camille (erschrocken, flehend) Robespierre!

Couthon (auf seinem Stuhl sich krümmend, wie von plötzlichen Schmerzen befallen) Ai! ai! meine Beine! das reißt und schneidet, wie Fegfeuerbrand! — Wie das nur so plötzlich kommt! Danton, dein Wein ist zu feurig, er weckt mir das verfluchte Zipperlein . . .

Danton (der seit den Worten Robespierres sprachlos dagesessen) Ich will ein Wort reden mit Robespierre!

Camille und Andere. Danton, beruhige dich!

Danton. Laßt mich ein Wort reden mit Robespierre! (er erhebt sich, um auf Robespierre zuzugehen.)

Couthon (will ihn zurückhalten, sich mit halbem Leibe in seinem Sessel emporrichtend) Zurück, Bürger Danton, zurück! Dein Wein, Bürger Danton, ist zu feurig!

Danton (faßt Couthon und wirft ihn in den Sessel zurück) Aus dem Weg, du alte lahme Viper!

Couthon (vor Schmerz schreiend) Ai, ai, (zornig erröthend) Gib Acht, Cyklop! Die alte lahme Viper hat noch Zähne! sie kann dich in die Ferse stechen —

St. Just (stellt sich Danton entgegen) Off'ne Gewalt gegen die Männer des Volks?

Fabre (mit einem Blick auf St. Just und Couthon) Sieh da! die „Triumvirn" stellen sich in Schlachtordnung! (Fabre, Lacroix und Herault treten zwischen Danton und St. Just und drängen Letzteren bei Seite.)

St. Just. Vertraut ihr eurer Ueberzahl? Hinter Robespierre steh'n Tausende!

Fabre. Auch die Pest würde Höflinge finden, wenn sie einen Hof hätte!

St. Just. Weichling, schweig, wo Männer sich gegenüber stehen!

Danton (Alle bei Seite drängend) Ein Wort mit Robespierre! ein Wort mit Robespierre!

Camille. Keine Uebereilung, Danton! Ich beschwöre dich beim Wohle der Republik! Deine Stirne glüht! Du bist berauscht, Danton —

Danton (ruhig) Nein, Camille! ich bin nüchtern geworden. — Ein Wort in aller Ruhe — Du wirst sehen, in aller Ruhe. (er tritt auf Robespierre zu, der ihn, stehend, ruhig erwartet) Mein lieber Robespierre! ich habe dir gesagt, daß ich Paris verlassen, heirathen, mich auf's Faulbett legen will? daß ich müde bin, und theilnahmslos, und überdrüßig? — Glaub' es nicht mehr!

(aufflammend)

Aufrichten will ich mich! — Hörst du's,
    du Schleicher,
Du Mann des Neids, des Hasses und der Rache,
Der Jeden tückisch=feig „Verräther" schilt
Und auf's Schaffot schickt, den er haßt —

Robespierre (ruhig) Du lügst, Danton! und der Beweis ist: daß du lebst!

(Pause betroffenen Schweigens)

Danton (wild auflachend)

Zwerg! — weißt du nicht, daß eine Zeit es gab,
Wo dieses Mundes Hauch die Republik
Entflammt zu Uebermenschlichem? Weißt du's nicht mehr,
Daß ich, wenn im Convent hier zu Paris
Ich stampfte mit dem Fuß, den Boden Frankreichs
Erzittern machte bis zu seinen Grenzen
Mit allen Feindesheeren, die d'rauf standen?
Wer wagt sich an Danton? Weißt du, daß Danton
Anklagen so viel heißt, als einen Löwen,
Der lang die Krallen einzog, neckend spornen,
Nun endlich wieder ganz er selbst zu sein?
Weißt du, daß es bedeutet, Frankreichs Hälfte
Der andern Hälfte gegenüberstellen
In wildem, rasendem Vernichtungskampf?
Wer wagt's? wer wagt's?

Robespierre (ruhig die Hand gegen ihn ausstreckend)

Der feige Robespierre! —

(Danton will auf ihn losstürzen, Robespierre verharrt in seiner Stellung. St. Just tritt mit gezogenem Degen an seine Seite. Der Vorhang fällt.)

Dritter Aufzug.

Erste Scene.

(Straße und kleiner Platz an der Seine. Am jenseitigen Ufer der Justizpalast. Zwei Royalisten treten auf.)

Erster Royalist. All' unsere nächtlichen Berathungen für Thron und Altar, lieber Marquis, sind, bei Tage besehen, verlorne Liebesmüh. Der Kettenhund Robespierre ist zu wachsam.

Zweiter Royalist. Je mehr Köpfe sie abschlagen, desto energischer müssen wir Ueberlebenden den unsrigen aufsetzen. Frankreichs Adel wird eher bis zum letzten Mann verbluten, als den Kampf aufgeben für das legitime Princip.

Erster Royalist (mit einem Blick auf zwei sich nähernde Bürger) Kommt — die Luft ist nicht mehr rein (Beide ab)

Erster Bürger. Gevatter Haarkräusler, warum ist denn das Hintertheil Eurer grünen Hosen so roth von Blut?

Zweiter Bürger. Ja seht, Gevatter Lohgerber, ich sage, wir müssen verlangen, daß die Henkerkarren einen andern Weg nehmen, als durch unsere Straße. Man wird ganz trübsinnig von dem ewigen Gerassel. Sie sollen die Guillotine anderswo, in einem weniger belebten Stadttheil, aufschlagen. Und der bisherige Platz ist schon so förmlich versumpft von Blut, daß ich dort herum alle Tage ein paar Mal ausglitsche und rücklings hinfalle —

Erster Bürger. Daß Ihr so oft Gelegenheit habt hinzufallen, beweist, daß Ihr viel Eile, und Euer Handwerk noch immer einen goldenen Boden hat — Wie man sagt,

Gevatter Perrückenmacher, ist seit der Guillotinenwirth=
schaft Menschenhaar zu Spottpreisen käuflich —

Zweiter Bürger. Alles Schlimme hat sein Gutes, Ge=
vatter Lohgerber, und Ihr selbst —

Erster Bürger. Weiß schon, was Ihr sagen wollt.
Man behauptet, daß wir Gerber jetzunder viel Menschen=
häute verarbeiten im Geschäft. Aber ich versichere Euch,
was wir Gerber von diesem Artikel unter der Hand so an
uns bringen, ist meist gar wenig nütz — durchgeriebene,
rissige, fleckige Waare — Moderne Menschenhaut — ich
bitt' Euch — lohnt die Arbeit kaum, die man daran
wendet. Was hört Ihr sonst Neues, Gevatter?

Zweiter Bürger. In meinem Hause haben sie heute
Nacht Drei aus den Betten geholt. Nichts schauerlicher, als
wenn man so zufällig des Nachts wach liegt, und Alles tod=
tenstill ist, und man hört plötzlich in der Straße draußen
vor dem Thor einen Gewehrkolben auf das Steinpflaster
aufschlagen — dann das dumpfe Gepoch an's Thor —

Erster Bürger. Ja, seht, das nennt man eine Re=
publik —

Zweiter Bürger. Pst! (mit einem Blick auf daher ziehendes
Volk) Sansculotten! (Beide ab. — Männer und Weiber treten auf
darunter auch der aus dem ersten Akt bekannte Sansculotte.)

Volk (den Sansculotten umringend) Heute Nacht? es ist nicht
möglich! den Fabre?

Sansculotte. Den Fabre, den Herault, den Philippeau,
den Camille —

Volk. Was? auch den Camille?

Sansculotte. Aus seinem Bette. Vom jungen Weibchen
weg —

Ein zweiter Sansculotte (herbeistürzend) Ach was Camille
— Danton —

Volk (lachend) Aquavit im Kopf!

Zweiter Sansculotte. Was steht da drüben? der Justizpallast. Und wenn ihr's nicht glaubt, daß Danton dort soeben verhört wird, so schweigt ein wenig und ihr könnt ihn über die Seine herüber brüllen hören —

Erster Sansculotte (ihn an der Brust packend) Mensch, bist du wirklich nicht betrunken?

Stimmen im Volke. Hört — hört — die Fenster des Justizpalastes stehen offen. Danton's Stimme! (Alle horchen) Wahrhaftig! Danton's Stimme! heiser, aber furchtbar!

Erster Sansculotte. Auf in den Justizpallast!

Volk. Auf die Gallerien! kommt! (setzen sich in Bewegung, ein anderer Schwarm kommt über die Seine vom Justizpallast her, darunter der Stelzfuß.)

Stelzfuß. Gebt euch keine Mühe! Die Gallerien geräumt — Alles abgesperrt —

Volk. Danton — was treibt er? was spricht er?

Stelzfuß. Erdrückt mich nicht! — Als er vor die Richter trat, schlugen sie die Augen nieder wie Schulknaben (Danton's Haltung und Redeweise nachahmend) „Wenn ich euren Bütteln folgte, statt sie mit einem Faustschlag niederzustrecken, so geschah es nur, weil ich wieder einmal reden und drei platte Schufte entlarven wollte!" — Drei platte Schufte — (sich etwas ängstlich umsehend, leise, und den Finger auf den Mund legend) Ihr verlangt doch nicht etwa, daß ich die neue heilige Dreifaltigkeit nenne, die er gemeint haben mag? — „Schafft mir die vertrackten Spionengesichter aus den Augen!" — Er bemerkte nämlich ein paar Freunde Robespierre's im Saal —

Volk. Weiter — weiter —

Stelzfuß. Der Präsident schneuzte sich die Nase in ein großes blutrothes Schnupftuch, und bat ihn, sich ruhig zu verhalten. Und nun wollten sie ihm Alles nacheinander gemächlich abfragen, nach gerichtlichem Brauch. Euer Name? wie alt? et caetera. Donnerwetter, was gab der für Antworten! „Ihr kennt mich!" — „Mein Name? fragt die unvergänglichen Blätter der Geschichte!" Und so weiter. Jetzt kramte man die Anklagen aus. Gegen ihn und die Andern. Bestechungen — Unterschleife in Belgien — Conspiration mit heimlichen Feinden der Republik — was weiß ich — Danton brüllte, donnerte, die Beisitzer des Tribunals warfen nur ängstliche Blicke nach den Gallerien —

Die Bursche saßen wie die Klötze da;
Sie deuteten nicht so, nicht so. Da kam
Ein Bote Robespierre's vom Wohlfahrtsausschuß:
Aufruhr, von Dantonisten angezettelt,
Sei los in den Gefängnissen — geheim
Damit im Spiel ein Royalistenputsch:
Hei, das schlägt ein gleichwie der Blitz im Saal —
Man gafft bestürzt — Danton will nochmals reden,
Kreischt, überstürzt sich, seine Stimme klingt
Auf einmal so ganz niederträchtig heiser —
Kein Mensch versteht ihn mehr — fort stürzt das Volk,
Todtschlagen will's die Royalisten — krampfhaft
Lacht Danton auf — der zitternde Camille
Will schwatzen — Danton drückt ihn auf die Bank zurück,
Reißt die Vertheidigungsschrift ihm aus der Hand,
Zerreißt sie, wirft den Richtern an die Köpfe
Die Fetzen — Höll' und Teufel —

Lucile, Camilles Gattin (in die Scene stürzend, hinter ihr ein Bürger, der sie zurückhalten will) Laßt mich, laßt mich! (sich zwischen das Volk werfend) Rettet Camille, um Gottes willen rettet Camille!

Volk (durcheinander) Camille's Weib! — Junges Blut

— sehr zu bedauern! Ein zierlich-nettes Ding! — Ein Weibchen, klein, aber frisch und voll und saftig wie eine Weichselkirsche! — Armer Camille!

Lucile. Rettet Camille! rettet Danton! wollt ihr Männer wie diese morden lassen?

Einer der beiden Royalisten (die inzwischen zurückgekehrt sind und sich lauernd unter das Volk gemischt haben; salbungsvoll) Camille, den Volksfreund, will man tödten? was? Den Helden von Versailles? und Danton — ha! Gibts einen größeren Mann in Frankreich?

Lambertine von Mericourt (hastig auftretend mit Begleitung) Memmen! — Auf zum Justizpalast! Laßt alle Glocken Sturm läuten! Danton darf nicht fallen! Wer kein Feigling, schließe mir sich an! Hurrah! Hoch Danton, Hoch!

Viele aus dem Volke (sich ihr anschließend) Hoch Danton, Hoch!

Henriot (kommt zu Pferde, mit Bewaffneten; Fischweiber und Sansculotten hinter ihm; seine Stimme verräth, daß er etwas angetrunken ist) Mordelement! Auseinander, Bürger! Auseinander — im Namen des Convents! Danton und seine Mitschuldigen sind soeben in den Kerker zurückgebracht worden. Eine große Verschwörung der Royalistenhunde ist zum Ausbruch gekommen, und die Dantonisten, die Schufte, sind darein verwickelt. Alle Teufel! Wer nicht eine Canaille und ein Verräther des Vaterlandes ist, der schaare sich um das Banner der Republik und Robespierres! (ab)

Lambertine. Hört nicht auf ihn! Er lügt. Auf gegen den Convent! Auf gegen Robespierre!

Fischweiber und Sansculotten (die mit Henriot gekommen) Was? gegen Robespierre? Seht das Dämchen! Weiß man nicht, daß sie Danton's Metze gewesen? Zerkratzt ihr die Larve! Reißt ihr die rothen Flitter vom Leibe! (Die Weiber greifen sie an und verfolgen die Flüchtende wüthig. Das Volk zerstreut sich.)

Stelzfuß (kopfschüttelnd im Abgehen zum Sansculotten) Bruder, die Weiber schlagen sich auf Robespierres Seite. Danton ist verloren. (Beide ab.)

Zweite Scene.

(Im Kerker. Ein weiter, tiefer Raum. Gefangene, darunter die Dantonisten. Danton spielt Karten mit einem alten Marquis. Camille ist erst in Schreiben vertieft, geht dann zu einem Gitterfenster und blickt hinaus. Fabre lies't. Herault betrachtet ein Miniaturbild, Lacroix starrt vor sich hin, Philippeau geht im Hintergrunde auf und ab.)

Danton (ausspielend) Trumpf, Herr Marquis.

Marquis. Das machen die republikanischen Karten. Wenn ich statt Carreau-Dame „Preßfreiheit" und statt Herzkönig „Genius des Krieges" sagen soll, so verwirrt sich mir der Kopf —

Danton. Glaub's. Indeß, das ist nicht zu ändern, Herr Marquis!

Marquis. Seht doch, wie die Gefangenen alle um Euch herumschleichen und Euch begucken —

Danton (eitel) Thun sie das? (zu einer Gruppe von Gefangenen) Betrachtet ihn nur gut, den Danton! Seht Ihr, wie der Septembermann mit einem Aristokraten Karten spielt? In der Antichambre der Guillotine sind wir Alle gleich. Darum eben schickt man die Leute in's Gefängniß. Man will, daß sie das Ideal der Freiheit, Gleichheit und Brüderlichkeit realisirt finden sollen. (aufstehend) Camille, was schmachtest du zum Fenster hinaus? Siehst du nicht, daß die Scheiben schon ganz trüb vor dem Hauch deiner Seufzer anlaufen? Welchem alten Römer hast du das abgeguckt?

Camille. O Lucile! Lucile!

Lacroix (hinzutretend) Laßt ihn. Es ist besser, er haucht seine Seufzer auf's Glas als auf's Papier.

Danton. Nein, er soll schreiben. Aber eine neue Nummer seines kühnen Journals, des „alten Cordelier." Nur mit der Feder in der Hand ist unser Camille ein Mann. Wenn er nicht schreibt, so winselt er.

Lacroix. Ich wollte, seine Lucile hätte sich auch darauf beschränkt, statt auf die Gasse zu laufen und die Pfahlbürger insurgiren zu wollen. Unsere Sache stünde besser.

Ein Gefangenwächter (tritt ein) Hier der Wein, Bürger Danton, und die Austern —

Danton. Ist das Alles? Mehr Flaschen! mehr Gläser! (Wirft ihm seine Börse zu:)
Was gaffst du, Bursch? soll ich dir Beine machen?
Kommt, Freunde! kommt, Marquis! Auch ihr da, Leute,
Kommt, macht die Runde voll! Wer da vermag
Sich auszuweisen mit der Anwartschaft
Auf einen Kuß der Jungfrau Guillotine,
Ist heute Danton's Gast. Auch Ihr seid höflich
Geladen, Bürger Kerkermeister! — Seht,
Ich bin nun einmal so. Ich kann nicht zechen
Mit Wenigen. Die gute Laune braucht
Ein Publikum. — Verzeiht, Marquis, daß ich
Mit Sansculotten Euch zusammenbringe!

Marquis. Man muß sich behelfen. Als noch mehr von Adel hier waren, darunter auch Damen, da herrschte ein reges, ich möchte sagen, amüsantes Leben. Man conversirte, man spielte Gesellschaftsspiele, man declamirte, man führte kleine Scenen auf, improvisando; kleine Lieblingsintriguen liefen auch mit unter . . .

Danton. So lob' ich's. Heiter den Weg gegangen, den man geschloß'nen Auges geht, ohne doch mit der Nase anzustoßen — (Der Gefangenwärter hat inzwischen neuen Weinvorrath gebracht, und die Anwesenden haben sich um Danton gruppirt, der die

(Gläfer fällt) Camille! die Hand aus Glas, statt an die Stirn!

Camille (aus seinem Hinbrüten sich aufraffend) Ich kann's noch immer nicht glauben — Robespierre, mein Jugendfreund — er, der beim Feste meiner Vermählung gewesen — der mein Kind auf seinen Knieen geschaukelt —

Danton. Nun schickt er dich auf's Schaffot. Daran sind deine Griechen und Römer schuld. Warum hast du in deinem „Alten Cordelier" so viel von Pisistratus geschwatzt, und so viele verdammt geistreiche, boshaft-witzige Angriffe gemacht auf die Tyrannei der Tugend und des Schreckens? — Siehst du, das brach uns das Genick!

Herault. Ach, Danton, wärst du nur weniger ungestüm gewesen vor dem Tribunal —

Danton (lachend) Ungestüm? Das war's nicht, lieber Herault! Ich bin h e i s e r geworden. Das ist Alles. Ich bin heiser geworden wie ein armer Teufel von Sänger auf der Bühne, der deswegen ausgepfiffen wird und durchfällt. Seht ihr, von solchen Lappalien hängt des Menschen Schicksal ab! Das Publicum ist eine undankbare, gedankenlose Bestie.

Wer's nicht in jedem Augenblicke packt,
Der hat es nicht. An gestern denkt es nie.
Dazu der schlaue Fuchskniff Robespierres,
Mit seiner aufgegabelten Verschwörung —
Ein Hauptspaß war's. Der Riese Goliath
Ist wieder einmal gründlich hingepurzelt
Vor einem klugen Zwerg. Je nun, warum
Verließ er sich auf seine breiten Schultern?
Was zog er vor, das Zwerglein zu verspotten,
Anstatt es zu zertreten, als es Zeit war? —
O wie so anders, anders ist's gekommen,
Als der gewalt'ge Danton es gedacht!

Herault. Daß man dir Vieles auch fälschlich vorwarf, hätte dir die Ruhe des Gerechten zurückgeben sollen.

Danton (lachend)
Im Gegentheil. So lang man mir nur vorwarf
Was ich gethan, war meiner ich noch mächtig.
Spießbürgerwahn, daß Unschuld ruhig ist,
Und bös' Gewissen tobt! Ein rechter Schuft
Spricht überlegt und klug und vorbereitet.
Unschuld und Ehrgefühl und Mannesmuth
Wallt auf und zetert, überstürzt sich, ras't,
Und ist verloren. Freund, ich war verloren,
Dieweil ich nur zur Hälfte schuldig war!

Camille (ihm die Hand schwärmerisch drückend) Theuerster Danton, die Nachwelt —

Danton. Ach, die Nachwelt — die wird von dir sagen, daß du von allen Revolutionsmännern den besten Styl schriebst, und von mir, daß ich die beste Stimme von Allen hatte. Darum ging auch die Sache schief, als ich heiser wurde. Was kümmerts mich? Ich begreife gar nicht mehr, wie ich mich vor den Richtern ereifern konnte. Das Leben ist ein dummes Possenspiel —

Fabre. So sagst du — und dann bringst du wieder einen Toast aus auf das Leben —

Danton. Du sprichst wie ein Recensent. Das ist nicht die rechte Lebenslust, die nicht Geschwisterkind ist mit der Lebensverachtung. — Phillippeau, was grübelst du?

Philippeau. Ich möchte nur wissen, ob es wahr ist, was Einige behaupten, daß ein abgeschlagener Kopf noch etliche Minuten, nachdem er vom Rumpfe getrennt worden, fortlebt und sein Bewußtsein hat —

Danton (zuerst vor sich hinlachend, dann, nach einer Pause nachdenklich)

Gedenkt ihr noch, wie beim Versöhnungsfest
Mit Robespierre ich hatt' ein Traumgesicht
Und eure Köpfe baumeln sah? Ha ha!
Es herrscht die Kopf= und Halsepidemie,
Die große Kopf= und Halsepidemie
Dahier in Frankreich. Und die Seuche ist
A n s t e c k e n d —
(er versinkt einen Augenblick in dumpfes Brüten, dann emporfahrend mit unheimlich stieren Augen)
s e h r ansteckend — s e h r ansteckend —
In den Septembertagen haben wir
An dieser Krankheit Viele sterben sehn —
Und sterben l a ß e n — wißt ihr — und der Blutdampf,
Den wir geathmet, der ist ein Miasma —
Der hat uns angesteckt, und jetzo bricht
Es bei uns aus — wir müssen d'ran — nicht wahr,
Es spukt euch schon in allen Gliedern? —
Tolles Zeug — vergebt! — denkt ihr noch an den
Trinkspruch, den ich damals ausbrachte?
Wir genießen das Leben, das rosige, helle,
Und stehen wir auch an das Hades Schwelle,
Der Becher sinkt aus den Händen uns nicht,
Wir bringen ein Hoch noch dem goldenen Licht!
Es lebe das Leben!

Alle (anstoßend) Es lebe! Und Danton hoch!

Danton (mit Symptomen leichter Berauschung, in steigender Erregung) O, Sterben ist nichts. Aber daß ich sterbe, dupirt von Robespierre — alle Teufel! von diesem Pedanten, diesem puritanischen Stubenhocker, diesem Revolutionshelden mit Baumwolle in den Ohren und einer Flanelljacke um den Bauch — O du verwünschter Schuft! Was machtest du mich erst sicher? warum griffst du mich nicht offen und ehrlich an, geraden Wegs, wie der Teufel den Landsknecht holt? Was hast du mich kurz vorher im Convent vertheidigt? Ei, so machts auch der Vampyr, der erst dem Schlummernden sachte mit seinen Flügeln Kühlung zuweht, um ihn noch tiefer einzulullen, bevor er ihm das Blut aussaugt. O, ich hätte dir zuvor kommen sollen, Elender! ich hätte meine Pfeile tauchen sollen in dein eignes Gift!

Fabre. Das „Talglicht von Arras" ist für den Augenblick ein respektabler Feuerbrand geworden. Die Royalistenverschwörung, die Gefängnißemeute, die Eile des Tribunals — das hat er Alles so vortrefflich angezettelt als benützt —

Herault. Ja, für den Augenblick hat das Männchen uns brillante Köpfe überholt. Für den Augenblick werden wir uns wohl fügen und zum Schaffot gehen müssen. Camille, du denkst schon wieder an Lucile?

Camille. O mein geliebtes Weib! (Mehrere lachen)

Danton. Laßt ihn. Ihr kennt das nicht. Es ist ein sehr verwünschtes Ding, aus einem neuen, warmen, frisch aufgezupften Ehebett hinaus zu müssen in die kalte Todesnacht Ich kann ihm das nachempfinden. O meine Louison! Deinen Bräutigam schmausen dir die Würmer vor der Nase weg! Du wunderschönes Kind — Wär' mirs doch mindestens vergönnt gewesen, die Flitterwochen mit dir durchzukosen!

Lacroix. Hast genug gekos't, Danton!

Danton. Ich kanns nicht läugnen. Was liegt d'ran, wenn ich sterbe? Ich habe mir's wohl sein lassen in den Stürmen der Revolution, habe brav poculirt, brav hübsche Weiber caressirt — gehen wir schafen. — Am Liebsten denk' ich meiner Jugendzeit. Ich wollte, ich könnte noch einmal zum ersten Male lieben. Es lebe des erste Liebchen, das ein Jeder von uns hatte! Stelle sie ein Jeder jetzt sich vor, die schelmische kleine Grisette! Paradiesische Zeit, als die kleine Braune noch zu uns schlüpfte in die Mansarde des sechsten Stockwerks — und wir da so tölpisch glücklich waren wie Kinder —

Lacroix (das Glas hebend) Und die schönen Stunden vertändelten —

Danton. Ja, und in Ermanglung eines Vorhangs mit dem Unterrock der Kleinen das Fenster verhingen — Harmlos=unschuldige Zeiten! sie sollen leben!

Alle. Hoch!

Der alte Marquis. Danton, Ihr hättet Besseres thun können, als Weiber küssen. Was waren die Anderen gegen Euch, die Girondisten voran, diese Eunuchen der Revolution? Schwätzer! — Stehe nicht auf Eurer Seite, Danton; aber Ihr wart ein Mann, Danton; ein Mann —

Danton. So ist's. (heftig) Sie glauben, sie können mich entbehren — aber ich sag' Euch, dieser gewaltige Kopf (seinen Kopf mit beiden Händen fassend) — dieser gewaltige Kopf wird eine große Lücke lassen — eine große, große Lücke, sag' ich Euch —

Herault. Bei all' seiner Schlauheit, wie lange wird er's treiben können, der grübelnde Schleicher Robespierre mit seinen armseligen Helfershelfern?

Danton. Ja, Herault, wenn ich dem lahmen Couthon meine Beine, und dem impotenten Robespierre meine Lenden hinterlassen könnte, so möchte sich das eine Weile noch fortschleppen. So aber stirbt uns die Republik in einigen Monaten an doktrinärem Marasmus nach!

Herault. Er ist nicht ausgekämpft, der Kampf zwischen Danton und Robespierre! Die Frage ist, ob Dantons, ob Robespierre's Geist in Frankreich zuletzt die Oberhand behält?

Danton. Du hast Recht, Herault! (mit aufflammender wilder Leidenschaft)

Ha, warte, warte,
Nichtswürd'ger Robespierre! Danton setzt sich
Lebendig oder todt auf deinen Nacken,
Und du, du wirst ihn tragen müssen, tragen,
Ja tragen, tragen, wie ein müdes Roß,
Das ein gespenst'ger Reiter blutig hetzt —
Ja, tragen bis ans Ende, bis auch du
Zusammenbrichst —

Ein Abgesandter des Gerichts (hereintretend, in amtmäßig trockenem Tone:) Bürger Danton, Bürger Camille, Bürger Lacroix, Bürger Fabre d'Eglantine, und wer sonst noch verwickelt ist in den Prozeß der Dantonisten — im Namen des Tribunals hab' ich euch anzukündigen, daß man in Rücksicht auf die stattgehabten Versuche, einen Volksaufruhr zu euren Gunsten anzustiften, sowie in Rücksicht auf die in den Kerkern selbst vorgefallenen Unruhen und euer Verhalten vor Gericht, sich bewogen findet, das über euch bereits gesprochene Todesurtheil binnen kürzester Frist zu vollstrecken, wornach ihr aufgefordert seid —

Danton. Mach's nicht so lang! Wir haben nicht mehr Zeit, lange Reden anzuhören. Dein langer Athem paßt nicht zu dem kurzen, den ihr uns noch gönnt. Komm her da, Mensch; an meine Seite, Mann des Tribunals! (er füllt ein Trinkglas) Wir bringen eben einen Trinkspruch aus (Der Abgesandte weigert sich; Danton braus't ungestüm auf:) Mann des Gerichts! Ist Dantons Augenbraue im Kerker schon so kahl geworden, daß du nicht mehr davor zitterst? (Der Abgesandte gehorcht instinktiv und ergreift den Becher) Und jetzt den Toast zum letzten Mal!

Wir genossen das Leben, das rosige, helle,
Und steh'n wir auch jetzt an des Hades Schwelle,
Der Becher entsinkt aus den Händen uns nicht,
Wir bringen ein Hoch noch dem goldenen Licht!
(Es wird angestoßen und die Becher werden geleert.)

Danton (aufstehend und den Abgesandten zur Thüre geleitend) Jetzt geh', und grüße Fouquier, und frag' ihn, ob er gewiß weiß, daß ich h e i s e r sein werde, wenn mir's belieben sollte auf dem Schaffot zum Volke zu reden? — Geh'! — (der Gesandte ab) Ich aber will jetzt ein wenig in meiner Zelle schlafen. Ich bin müde, Freunde, herzlich müd (sich streckend) Wenn solche Glieder müde sind, wie die, so sind sie's doppelt. Ade, Freunde (im Abgehen sich umwendend) Was? Ein so trübseliger Abgang? Kein letztes Hurrah, wenn Danton zur Ruhe geht, der „Koloß der Revolution", der große Danton, der mit Vergnügen noch größer gewesen wäre, wenn er nur gesunden hätte, daß es die Mühe lohnt? Aber es ist schon ein gewisser Grad von Bornirtheit nöthig, um auf dieser Jammerwelt groß sein zu wollen im Schweiße seines Angesichts. Sei's genug an dem, was ich gewesen! Plaudite amici! Laßt mich noch einmal das Brausen der alten Woge vernehmen, die mein jüngeres Herz so oft berauscht!

Die Genossen und Freunde. Hurrah! Hoch Danton, der Koloß der Revolution!

Danton (eine gefüllte Börse hervorziehend und ihren Inhalt den gemeineren Gefangenen im Hintergrunde des tiefen Gefängnißraumes zuwerfend) Gebt Acht, ihr Leute!

Gefangene (die Goldmünzen auflesend) Hoch Danton! Hurrah! Hoch!

Danton. Ha, ha, ha! Es ist köstlich! Die Kerle werden morgen geköpft und schreien heute noch Vivat für Geld. Ha, ha, ha! — Ade, Freunde! Weckt mich, wenn es Zeit ist! (ab in seine Zelle.)

Dritte Scene.

(Wald von Montmorency bei Paris. Seitwärts die sogenannte „Hütte [Eremitage] Rousseaus.")

Robespierre (zwischen den Bäumen hervortretend)

Es geht ein Mensch umher, der ist verdammt,
Den andern Menschen wie durch dünnes Glas
Hineinzuschau'n ins Innerste des Leibes.
Er sieht die blutdurchlaufne Fasermasse
Des Hirnes zucken, sieht die Lappen hängen
Des Herzens und der Lungen, sieht die Säfte
Des Lebens kreisen, sieht den wirren Knäu'l
Der Eingeweide liegen in der Höhle
Des Bauchs, wie einen großen Schlangenknäu'l,
Der sich in einer Waldesmulde sonnt.
Und dieser Mensch — ich bin's. Es liegt vor mir
Des Lebens tiefgeheimes Faserwerk
In ekler Deutlichkeit. Ich sehe klar
Der Menschen Schwäch' und blöden Unverstand,
All' den bestandlos eitlen Funkentanz
Der menschlichen Gefühle und Gedanken — — —

(nach einer Pause — immer in tiefes Brüten versunken) Alles hängt davon ab, ob der angefachte Enthusiasmus der Massen noch so lange vorhält, bis eine feste Form gefunden ist für die Republik. — Keine Stunde darf versäumt werden! — Mit allen Mitteln! Mit allen Mitteln! Mit allen Mitteln! — — Ein bedenkliches Schwanken war bemerklich — Alles hing an einem Haar. — Der Wald! — Ich athme wieder auf. — Die Tage werden immer häufiger, wo ich nicht einsam genug sein kann. — Was treibt mich denn immer heraus unter die grünen Bäume von Montmorency, wo Rousseau gewandelt, wo er sein unsterbliches

Büchlein über die Menschenrechte schrieb? — (zu einem alten Weibe, das mit einem Holzbündel belastet hüstelnd daherkommt) Mütterchen, wo sind heute die Eheleute Miraud? Niemand im Häuschen?

Die Alte. Goldene Hochzeit — Alles in der Kirche — die ganze Nachbarschaft — die Sibylle von Montmorency auch dabei —

Robespierre. Woher das Holz, Alte? So aufgelesen, gestohlen im Walde? He? — Noch weit?

Die Alte (auf eine Hütte weisend) Dorthin! (sie will weiter gehen, schwankt aber unter der Last.)

Robespierre (ungeduldig) Kann's nicht mitansehn. Warum ladet Ihr so viel auf einmal auf? (nimmt die Last, trägt sie zur Hütte und wirft sie dort ab.)

Die Alte (folgt zitternd) Ach Gott — ein Herr wie Ihr — (ab in die Hütte.)

Robespierre (wieder nach vorn kommend, läßt sich auf einen Baumstrunk nieder. Nach einer Pause, brütend, langsam vor sich hinsprechend) Das Revolutionstribunal entspricht in seiner gegenwärtigen Einrichtung noch immer nicht ganz seinem Zwecke. Noch immer zu viel Förmlichkeiten. Was sind ein paar hundert Menschenköpfe mehr? Herab damit, herab damit! (Gerafchel in den Zweigen eines Baumes. Robespierre blickt auf) Ein verdammter Range, der junge Vögel ausnimmt. (Er ergreift einen Stein — zornig) Herunter, Bube, und laß die Vögel, oder es fliegt dir da ein anderer Vogel an den Kopf! (der Knabe entflieht.)

Robespierre. Ich bin müde geworden. Die Waldesluft thut wohl. Wenn man dem wirren Treiben entfloh'n, wo Massenhaftes am abgestumpften Sinn vorüberzog, so erscheint Einem das Kleinleben des Waldes gar eigenthümlich bedeutsam. — Da kriecht eine kleine Ameise und schleppt ein ziemlich langes Würmchen mit sich fort. Das Würm=

chen krümmt sich, die Ameise läuft fort mit dem auf ihrem Rücken sich krümmenden Würmchen; zuweilen hält sie still, und sticht, sticht herzhaft los auf das sich krümmende Würmchen — es kann das todte bequemer fortschleppen — nun ists todt — —

Frau Duplay (mit Leonore auftretend) Siehst du? Es ist wie ich sagte. — Bürger Robespierre?

Robespierre (aufblickend) Ihr da?

Frau Duplay. Euretwegen. Mir wankten die Kniee, als Ihr nicht aus dem Wahlfahrtsausschuß zurückkamt. Duplay, sag' ich, Bürger Robespierre ist weg! „Wie Einer" sagt er drauf, „der eine Mine legt, und wartet, daß sie platzt — bin für Nachmittag zu ihm in den Wald von Montmorency bestellt, zur Eremitage Rousseau's." „Gut," sag' ich, „ich gehe mit den Mädchen voraus. Wir dürfen ihn nicht allein lassen." — Seht nicht so finster drein. Wir meinen's gut ... Wißt Ihr, wer da ist? Euer Freund Lebas, von der Armee — Theresens Verlobter —

Robespierre. Schon eingetroffen?

Frau Duplay. Eben als wir aufbrachen. Natürlich kam er mit. Er und Therese — verliebtes Volk — da sind sie.
(Lebas, Therese am Arm, tritt auf.)

Robespierre. Gute Neuigkeiten, Lebas?

Lebas (ihm die Hand schüttelnd) Die beste sind' ich hier. Der zweideutige Danton gestürzt —

Robespierre. Und du? Hast neulich zwei Generäle verhaften lassen und nach Paris geschickt. Das war brav.

Lebas. Meine Gesundheit ist erschüttert (zärtlich) Therese, sag' unserm Freunde Robespierre, daß Lebas auch andere Pflichten zu erfüllen hat —

Robespierre. Wir brauchen patriotische Commissäre

bei der Armee. — Nächstens kann ich vielleicht St. Just wieder entbehren. Dann ersetzt er dich —

(Lebas umarmt ihn freudig)

Robespierre. Ihr habt ein Gedankengewebe in mir abgerissen — Laßt mich noch einige Augenblicke allein —

Frau Duplay. Nicht lange, Bürger Robespierre! nicht lange! (ab mit den Andern.)

Leonore (ihnen folgend, hebt etwas vom Boden auf) Ein Vögelchen!

Robespierre (zu ihr tretend) Was ist's?

Leonore. Ein kleines, kleines Vögelchen — noch gar nicht flügge — seht!

Robespierre. Aus dem Neste gefallen —

Leonore. Aus dem Neste?

Robespierre. Ja — da oben zwischen den Zweigen —

Leonore. Ach — meint Ihr, daß sich's weh' gethan?

Robespierre. Laßt seh'n.

Leonore. Wie hübsch! Kann man's nach Hause tragen? Pickt es aus der Hand?

Robespierre. Am wohlsten dürft' ihm in seinem Neste sein — bei der Mutter, die es atzt —

Leonore. Sitzt die im Nest?

Robespierre. Sie flattert da droben über'm Wipfel ängstlich hin und her — seht Ihr?

Leonore. Ach, Bürger Robespierre, wenn man ihr das Kleine zurückgeben könnte —

Robespierre. Man klettert hinauf und legt es ihr in's Nest —

Leonore. Wenn ich das könnte!

Robespierre. (Gebt! (er steigt auf einen Felsblock, der hinter dem Baume steht, und legt den Vogel in's Nest) Seht, wie die Mut=

ter jetzt herunterkommt — und wie die kleinen Schreihälse alle zusammen die Mäuler aufsperren —

Leonore (lachend und in die Hände klatschend) Die kleinen Schreihälse — ha, ha, ha!

Robespierre (lacht ebenfalls)

Leonore (erschrocken) Ihr lacht, Bürger Robespierre? Ueber meine Albernheit? Verzeiht —

Robespierre. Närrchen! Was ist's, wenn ich lache?

Leonore. Ihr lacht ja nie —

Robespierre. Du siehst, ich thu's.

Leonore. Nicht über mich?

Robespierre. Wenn ich Lust hätte, ein Hohngelächter aufzuschlagen über Himmel und Erde — über dich, Kind, würd' ich nicht lachen —

Leonore. Jetzt hättet Ihr beinahe wieder gelächelt —

Robespierre. Du stralst ja ganz im Gesicht?

Leonore. Als Ihr vorhin so freundlich den Fels bestiegt, und das Vögelchen in das Nest zurücklegtet, da war mir's, als müßt' ich einen Freudenschrei ausstoßen —

Robespierre. Ja, siehst du, Kind, 's ist heut ein wunderbarer Frühlingstag — (er hebt einen Blumenstrauß auf, der ihr entfallen, als sie den Vogel aufnahm) Dein Blumenstrauß —

Leonore. Die schönsten Wald= und Frühlingsblumen — Tragt ihr niemals einen Strauß vor der Brust?

Robespierre. Er steht nicht wohl zu meinem Gesicht, das immer trüb und düster blickt —

Leonore. Nicht immer —

Robespierre. Nicht immer? sahst du mich anders?

Leonore. Ja. Als Ihr das erste Mal in unser Haus kamt. Ich war ein Kind und saß im Winkel. Die Mutter stellte Euch die Geschwister vor. Dann wies sie auch auf mich und sagte: Ein blödes, todtes, ungeschicktes Ding —

Ihr schautet mich aber an mit Euren ernsten tiefen Augen, und strich mir die Locken aus dem Gesicht, und sagtet: „Nein! es ist ein liebes, sinnig-sanftes Kind — gedankenvolle Stirn" — Dabei hatte Euer Auge einen freundlichen Glanz, und Euer Mund lächelte ein wenig — nur einen Augenblick — es ging vorüber wie der Blitz —

Robespierre. Daher also stammt dein guter Wille für mich?

Leonore. Und mir gefiels, daß Ihr so ernst hinlebtet und so still. Ich war auch immer gern in Gedanken — Die Mutter schalt mich, wollte, ich sollte so lebhaft sein wie Therese — sollte eine Republikanerin, eine Patriotin sein, und was weiß ich — Aber wenn ich Euch ansah, dacht' ich: Bürger Robespierre ist ja auch still und schweigsam — Wenn sie Grausiges von Euch erzählten, so dacht' ich: Ich kenne den Bürger Robespierre besser — Ich sah Euch stets wie ich Euch damals sah — ich hörte stets die Worte: „Ein liebes, sinnig-sanftes Kind" — ich dachte stets: Einst wird er wieder lächeln, — immer so lächeln, wie er gelächelt, als er die Locken mir aus der Stirne strich —

Robespierre. Und dann?

Leonore. Dann werd' ich auch lächeln, Bürger Robespierre! Den ganzen Tag! und die Mutter darf mich nicht mehr todt und thöricht schelten —

Robespierre (nach einer Pause) Leonore! Die Zeit wird kommen, wo die Kämpfer trinken aus dem Quell der Herzverjüngung. Auch Robespierre wird nach vollbrachtem Werk die staubigen Pfade seiner Mühen zurücklassen. Er wird seine Vergangenheit wie ein blutrothes Gewölk, das furchtbar sich in Blitzen entladen, am Horizont hinunterziehen sehen. Dann wird er sein Ruhezelt aufschlagen unter den grünen Bäumen von Montmorency. Er wird um sich blicken und sagen: Das Blut ist weggetrocknet von meinem Richterschwert, weggetrocknet die Millionen Thränen, welche die Wahlstatt meiner Kämpfe benetzten — alle Dämonen rings sind eingeschlummert — — Ja, Kind, sie kommt, die Zeit — dann weicht der Würgengel von uns Allen, und zu Häupten unseres Pfühles steht der Friedensengel — derselbe Friedensengel, der jetzt aus deinen unschuldigen Kindesaugen nach dem alten Lächeln späht im Antlitz Robespierres! — — (er küßt sie flüchtig auf die Stirn) Geh' zur Mutter, Leonore, geh' zur Mutter! (ab in den Hintergrund.)

Frau Duplay (mit Therese und Lebas zurückkommend) Mädchen, wo bleibst du? du störst den Bürger Robespierre!

Robespierre (wieder hervortretend) Die Elster stört, doch nicht die Nachtigall —

Therese (an Lebas' Arm) Auch wir haben eine Nachtigall belauscht — sie schmetterte so voll —

Lebas. Eine Amsel war's, mein Kind! Dort oben auf dem Baume sitzt sie noch — (Lebas und Therese gehen wieder in den Hintergrund, Leonore folgt ihnen.)

Frau Duplay. Lieber halt' ich ein Dutzend Grashüpfer auf der flachen Hand beisammen, als das junge Volk —

Robespierre (in die Coulissen blickend) Ein Gefährt —

Frau Duplay. In der That — ein junger Mann — ein älterer wird aus dem Wagen gehoben —

St. Just (tritt auf, zurück rufend) Vorwärts, Leute! hieher! (Robespierre erblickend) Ueberfall, Freund Robespierre! Ueberfall im Walde! Donner und Doria! Terrain für Couthon! kein Moospfühl da herum?

Couthon (wird von zwei Landleuten, die ihn unter den Armen fassen, hereingetragen) Die Gerechtigkeit hinkt nach. Halte der Teufel Schritt mit diesem jungen Eisenfresser!

Frau Duplay. Dahier ist's bequem, Bürger Couthon! (sie weist ihm einen bemoosten Steinsitz, wo er sich niederläßt.)

Couthon. Ah! — Bürgerin Duplay, wenn ich eine Stunde hier gesessen bin, und diese köstliche Waldluft eingeathmet habe, so wag' ich heut' noch einen Menuett mit Euch —

Frau Duplay. Das gebe Gott, Bürger Couthon! (setzt sich zu ihm.)

St. Just. (sich ebenfalls niederlassend) Nach gethanem Werk ist Ruhe süß (zu Robespierre) Wir haben die Mühen des Vormittags mit dir getheilt — nun theilen wir deine Rast im stillen Wald —

Frau Duplay. Ihr trefft hier mehr als Ihr gehofft — (auf Lebas und Therese weisend, die wieder hervortreten.)

St. Just. Freund Lebas? (ihn umarmend) Abschied genommen im Lagerstaub — jetzt Wiedersehen im Grünen?

Lebas. Gutes Vorzeichen!

Couthon. Willkommen, junges Blut! (schütteln sich die Hände).

Robespierre (in geschäftsmäßig-trockenem Tone beginnend) Es freut mich, die Vertrautesten meiner Freunde um mich zu sehen. Habe Manches mit Euch zu erwägen. Das Revolutionstribunal entspricht in seiner gegenwärtigen Einrichtung . . .

Lebas (der, mit Theresen in leisem Gespräch, die Worte Robespierre's überhört hat) Weißt du noch, St. Just, wie wir zuweilen vom Lager aus den Berggipfel mit der Schloßruine bestiegen? dann vom Felsgrat niederschauten in die weite Fläche mit ihren Lagerzelten im Morgenglanz? — Da sprachen wir von Theresen —

St. Just. Und von Henriette, deiner liebenswürdigen Schwester —

Couthon. Seht einmal die Gelbschnäbel von Patrioten — schwatzen wie galante Cavaliere der alten guten Zeit —

Lebas. Was Galanterie und Liebe bedeuten, mögt Ihr freilich längst vergessen haben, Couthon!

Couthon. Du irrst, junger Freund! wenn ich's vergessen wollte, so würden mich meine Beine daran erinnern.

Lebas. Eure Beine? was? hat Euch die Liebe so übel mitgespielt?

Couthon. Sie hat mich von unten auf gerädert! Aber gar nicht so, wie ihr etwa euch's vorstellt —

Lebas. Erzählt —

Frau Duplay. Ja erzählt, Bürger Couthon!

Couthon. Nun, Ihr dürft's hören, Bürgerin Duplay! — Ich war ein Springinsfeld, wie Lebas, liebte ein holdes Kind, wie er, mußte mich aber des Nachts zu ihr schleichen — auf Stundenweite — in ein einsames Schloß — Einmal ertappten mich feindselige Späher — durch's Fenster mußt' ich entspringen — heissa, weiter gings auf ungebahntem Weg — die Verfolger hinter mir — ich gerieth in einen Sumpf — immer tiefer — tiefer — kein Ende — blieb stecken zuletzt — wie ein eingerammter Pfahl stack ich fest — am Morgen zogen mitleidige Hände mich heraus — Frost und Feuchtigkeit hatten sich mir in die Beine geschlagen — ich war ein lahmer Vulkan geworden, der der schönen Venus nimmer gefiel — Was thut's? — Sag', Robespierre, bin ich nicht trotz meiner lahmen Beine immer keck mit dir vorwärts gegangen?

Robespierre (ihm die Hand drückend) Das bist du — Nun aber hört mich, wackere Freunde! Das Revolutionstribunal —

Couthon. Still, Robespierre, bring' in diesem Augenblick keine neuen Schreckensmaßregeln in Vorschlag. Du dringst nicht durch. Die Meisen und Grasmücken auf den Bäumen werden dich auspfeifen.

Robespierre Die Meisen und Grasmücken von Montmorency kennen mich besser.

Couthon. Ein aristokratischer Kukuk nennt dich blutdürstig —

Robespierre. Blutdürstig? Ich kann kein Blut sehen. Als ich noch Knabe war, und dabei stand, als sie meinem Vater die Ader schlugen, da wurd' ich bleich und fiel ohnmächtig auf den Estrich hin —

Lebas. Mir steigt das Blut zu Gesicht, wenn ich den verehrtesten Mann g r a u s a m schelten höre —

Robespierre (nach einer Pause) Guter Lebas! wenn du einen Menschen bemerkst, der übermüthig und herzlos ein Thier mißhandelt, sag' mir, von welcher Art ist deine Empfindung? Wärest du nicht, wenn du das lange mit ansehen mußt, im Stande, dem Wicht dein Eisen in den Leib zu stoßen? Ist das Grausamkeit? Nein — M i t l e i d ist's. — — — Ich kannte einen Knaben, der hatte eine Lieblingskatze. Als sie aber seiner Lieblingstaube die Brust aufriß, erwürgte er sie. Er war ein wunderlicher, nachdenklicher Gesell, dieser Knabe. Er sah heranwachsend viele Beispiele von Ungerechtigkeit, von Unterdrückung, wurde zuletzt ganz trübsinnig, finster, verschlossen, krank von heimlichem Groll. Als Jüngling kam er zu Rousseau. Da hört' er die Worte: „Freiheit — Gleichheit der Menschen — Wiedereinlenken des entarteten Lebens in die Bahnen der Natur" — Worte waren's, Namen nur für Einiges von dem, was seine grübelnde Seele durchgährte — aber sie wiesen ihm für's Nächste die Richtung. Als er Abends aus jener Hütte von Rousseau gegangen, irrte er die ganze Nacht fiebernd, wie gehetzt, im Wald umher. Am Morgen schnitt er in einen Baum die Devise: „M i t a l l e n M i t t e l n!" — Die Revolution kam — er war nicht zum Redner geboren — aber er wollte reden. Er zwang seine widerstrebende Natur. Er trotzte dem Spott, dem Gelächter, das ihn anfangs empfing, so oft er hervortrat. — Gegenwärtig herrscht Todtenernst und Grabesstille, wenn er spricht! — Du kennst ihn, guter Lebas — sie nennen ihn Robespierre, den Unbestechlichen. — Sie nennen ihn auch den Unerbittlichen — aber nicht er ist unerbittlich — die Idee ists. Sie nennen ihn gehässig, neidisch. Sie nennen ihn Heuchler. Aber es ist die Idee in ihm, die haßt, die Idee ist's, die neidet in ihm, und wenn er heuchelte, so wär's die Idee in ihm, die heuchelt. — Noch immer ist der Schrecken nicht stark genug. Die Reaction schleicht im Finstern, läßt nicht ab ... Kann etwas zu stark sein, das noch immer zu schwach wirkt?

St. Just. Wozu die Reflexionen? Wir schicken unsere Feinde auf's Schaffot, denn wenn wir's nicht thäten, so schickten sie uns dahin. Der Kampf der Parteien im Convent ist längst ein Duell, ein Kampf auf Tod und Leben geworden. Alle Geister schäumen und rasen.

Lebas. Wir kämpfen einen Riesenkampf mit dem Ausland. Da gilt es freilich im Innern kurzen Prozeß machen.

Couthon. Ja, mit sanften Mittelchen reichen wir nicht aus. Man kann einen Stein nicht mit einem Fuchsschwanz meißeln.

Frau Duplay. Ach Gott — man guillotinirt — guillotinirt —

Couthon. Wer guillotinirt, gute Bürgerin Duplay? der Convent? der Wohlfahrtsausschuß? das Revolutionstribunal? Wir? Robespierre? — Keiner, gute Bürgerin Duplay! Das geht von selbst, wie eine Uhr, nachdem sie einmal aufgezogen worden. — Der Mensch gewöhnt sich an Alles, gute Bürgerin Duplay! (es erklingt plötzlich eine heitere Musik aus dem Walde von der Seite her.)

Leonore (welche sich, Blumen pflückend, entfernt hatte, eilt herbei) Hochzeiter! Hochzeiter!

Robespierre. Das greise Ehepaar Miraud, das mich zuweilen hier bewirthet und seine goldene Hochzeit feiert — (der Zug kommt aus dem Walde, die Musik verstummt)
(Robespierre tritt dem greisen Paar entgegen.)

Der Greis. Alte, da sieh, Herr Robespierre!

Robespierre. Glück auf zum gold'nen Tag, mein trefflich Paar!

Die Greisin. Ihr habt es immer gut mit uns gemeint und spracht in unserer Hütte freundlich ein, und nahmt vorlieb —

Ein jüngerer Mann aus dem Geleite. Herr — Bürger Robespierre? der große Mann? Werft eure Mützen in die Luft, ihr Leute! Ach, Herr Bürger Robespierre, wir sind unverständiges Volk, wir wissen nicht zu reden — Hört doch, Leute, der größte Mann aus Paris ist unter uns —

Die alte „Sibylle von Montmorency" (sich vordrängend) Ei, wer ist da? Was macht ihr denn für Lärm? Wie heißt der Mann?

Landmann. Der Bürger Volksvertreter Robespierre —

Sibylle. Kenn' ihn nicht.

Landmann. Kommt aus Paris —

Sibylle. So? so? was will er denn?
Kommt er vielleicht wie vordem Herr Rousseau?
Der sagte, als er lang bei uns gelebt:
Nun endlich, dünkt mir, bin ich klug geworden,
Und gehe hin und lehre die Pariser,
Was ich gelernt im Wald von Montmorency!

Kommt Ihr auch, lieber Herr, um was zu lernen hier bei uns?

Der Greis (ängstlich) Ach Gott, Herr Robespierre, vergebt der Alten —

Die Sibylle (zieht Robespierre bei Seite)
Hört, lieber Herr, ist's wahr, daß in Paris
Ihr kürzlich habt den Herrgott abgeschafft?
Ei, habt ihr auch den Teufel abgeschafft?
Was? oder sitzt euch der noch im Genick?
Hi, hi, hi, hi!

Die Landleute. Vergebt, Herr, sie ist toll —

Robespierre. Gute Frau, die Welt schreitet weiter und weiter — sie fällt, sie steigt —

Sibylle. Hi, hi, du lieber Gott, sie steigt, sie fällt —
Wie denn? wie eine Blase, gelt, mein Sohn?
Wie eine leere Seifenblase — hui!
(mit der Mundbewegung, mit welcher man eine Seifenblase forttreibt)
Da fliegt sie hin — da seht — fliegt in die Luft —
So weiter, immer weiter — doch wohin?
Ist nirgends stät, hat nirgens keinen Ort —
Sie steigt — hui, hui! — sie fällt — hihi! hihi! —
Nun, nehmt's nicht übel, Herr, ich mein's nicht schlecht.
Ich will ein Vaterunser für Euch beten.

Das greise Paar (ängstlich) Ach Gott, Herr Robespierre —

Robespierre. Habt keine Sorge! — Ich grüß' Euch noch vor Abend.

Stimmen. Musik! (die Musikanten spielen, der Zug geht weiter. Hinter der Scene verstummt die Musik.)

St. Just. (zu Robespierre) Da hast du's. — Altenweibergeschwätz!

Robespierre (nachdenklich)

Weh' dem, der speculirt auf Welterneu'rung,
Und rechnet nicht mit alter Weiber Wort! —
(Duplay tritt auf)

St. Just. Bürger Duplay, Ihr bringt —

Duplay. Abgethan. In den Sack genies't — Alle der Reihe nach. In bester Ordnung und Disciplin.

Lebas. Hingerichtet? die Dantonisten? Ich hörte doch, erst morgen —

St. Just. So sagte man dem Volke — du begreifst —

Lebas. Wie stieg der gewaltige Danton auf's Schaffot?

Duplay. Wie ein Comödienspieler (parodirend) „Büttel, zeige meinen Kopf dem Volk, wenn er gefallen — er ist's werth" —

Lebas. Und auf dem Weg?

Duplay. Camille greinte, lamentirte, sprach zum Volk, gestikulirte, daß ihm das Gewand platzte und die nackte magere Brust aus den Fetzen hervorguckte —

St. Just. Und Danton?

Duplay. Merkwürdiges Schauspiel, den auf dem Karren zu sehen —

St. Just. Das Volk?

Duplay. Lachte.

St. Just (sich abwendend) Canaille... So sind sie.

Duplay. Seht Ihr diesen schweren Knotenstock? Neben mir standen einige Hundert Gleichgesinnte. Hätte sich ein Dantonistenknecht gerührt, es wär' ihm übel bekommen; noch schlimmer als der Dantonistenmetze Lambertine aus Mericourt, welcher die „Blaustrümpfe Robespierres" im Garten der Tuilerien die Kleider vom Leibe rissen und die ganze Haut zerkratzten. Sie ist jetzt wahnsinnig und hält sich für die Königin von Frankreich — (Robespierre, der Alles schweigend mitangehört, verliert sich in den Hintergrund.)

Lebas. Robespierre hat sich zurückgezogen. Ich begreife nun auch, warum er nach Montmorency ging, und nicht zu Hause sein wollte, als die Karren an seinem Fenster vorüberzogen.

St. Just. Die Schlange hat die Schlange aufgezehrt, Couthon —

Couthon. Sie hat ihr wenigstens den Kopf abgebissen. Der Schweif dürfte noch eine Weile sich regen —

St. Just. Allerdings. Danton ist todt, aber der Dantonismus zuckt in Frankreichs Gliedern. Noch ist der Kampf nicht zu Ende!

Lebas. Danton also todt — der Löwe der Revolution —

Couthon. Ja, wenn der Republik mit Brüllen geholfen gewesen wäre, so wäre er der bessere Mann gewesen, und Robespierre der schlechtere.

Lebas. Es gab Leute, die ihn dafür nahmen.

Couthon (drastisch parodirend) Ja, siehst du, trefflicher Lebas, breite Schultern und pralle Waden mußt du haben, und einen kräftigen Baß, und ein jovialer Bursche mußt du sein, ein Prahler, und wo möglich auch ein Taugenichts, dann imponirst du den Leuten, dann nennen sie dich einen Titanen, und ein Genie, und weiß Gott was Alles. Aber einen Robespierre verkennt das Alltagspack.

St. Just. Mirabeau nicht! Der sagte gleich von Robespierre: Der Mann überholt uns Alle, denn er hat: eine feste, ehrliche Ueberzeugung.

Lebas. Sie nennen ihn ehrgeizig — er ist's zu wenig. Ohne die Dictatur wird's auf die Dauer nicht gehen —

Couthon. So ist's. Wohlfahrts-Ausschuß und Convent werden täglich zerfahrener! Sind zu Ende mit ihrer Majoritätenweisheit! Er will aber nicht zugreifen —

St. Just. Er hatte immer seine eigenen Gedanken darüber. — Jetzt aber wird er doch offen hervortreten müssen als das, was er wird durch Danton's Fall — Frankreichs Dictator!

Duplay. Heissa! Bürger Robespierre Frankreich's Dictator! Wir Bürger und Sansculotten sagen das auch! Paris weiß, daß Keiner es besser meint mit dem Volke! Er muß die ganze Gewalt in seine Hände bekommen, muß Herr sein und alle Feinde des Volkes und der Republik vernichten —

Couthon. Mit Einem Wort, Bürger Duplay, wenn Robespierre König würde, so wäret Ihr auf einmal wieder ein guter Royalist —

Duplay. Und alle Sansculotten mit mir (Robespierre erscheint wieder im Vordergrunde.)

St. Just (mit einem Blick auf Robespierre, zu Frau Duplay) Gute Bürgerin Duplay, laßt uns einen Augenblick allein — allein mit Robespierre.

Frau Duplay. Ich verstehe, Bürger St. Just, ich verstehe (Zu den Ihrigen) Kommt! (im Abgehen) O Mutter Gottes, sie stecken wieder die Köpfe zusammen! (Frau Duplay mit den übrigen, bis auf Couthon und St. Just, verlieren sich seitwärts im Walde. Mittlerweile ist auch Robespierre, zwischen den Bäumen auf- und niederwandelnd, wieder im Hintergrunde verschwunden.)

St. Just. Couthon, ich werde Robespierre's Dictatur im Convente beantragen. Es ist Zeit. Die Umstände gestatten keinen längeren Aufschub.

Couthon. Füg' eine Proscriptionsliste hinzu. Der Convent muß vorher gesäubert werden — gesäubert —

St. Just. Erst muß ich freilich wissen, ob Er...

Couthon. Possen! Thu's, junger Freund, und sei überzeugt, daß du im Sinne seiner geheimsten Gedanken handelst.

St. Juſt (ein Notiztäfelchen aus seiner Bruſt ziehend.) Tallien muß obenan ſtehen.

Couthon. Brav, mein Sohn! — Die Canaille! Der glatte Geck! Die ſchönfarbige ſchleichende Giftſchlange! —

St. Juſt. Dann aber ſogleich . . .

Couthon. Der heiſere, heulende Wolf Collot d'Herbois! — Und dann Bourdon —

St. Juſt. Bourdon — und dann Badier — (notirt die Namen.)

Couthon. Brav, mein ſüßer Junge. — Hole der Teufel nur die vielen Umſchweife, die vielen Umſchweife — Ein Volksaufſtand in den Straßen, zu Gunſten der Dictatur . .

St. Juſt (nach rückwärts deutend) Du weißt, er iſt Pedant —

Robespierre (der inzwiſchen unbemerkt wieder nach vorn gekommen, und die beiden beobachtet hat; bei den letzten Worten St. Juſt's aufzuckend) Die aufrichtigſten, ergebenſten meiner Freunde — Es thäte mir leid, wenn ich, nur halb verſtanden, in die Nothwendigkeit verſetzt würde, auch ſie den Weg Heberts und Dantons gehen zu laſſen — — (Couthon und St. Juſt bemerken ihn, er tritt zu ihnen.)

St. Juſt (ihm entgegen) Robespierre! Entſchlüſſe müſſen gefaßt werden! Eine neue Epoche beginnt mit dem heutigen Tage!

Robespierre. So iſt's. — (immer ruhig, aber ſcharf accentuirend) Für das Volk muß mehr geſchehen. Die große Frage des Beſitzes muß gelöſt werden Freiheit, Gleichheit und Brüderlichkeit ſind bisher ſchöne Worte geblieben. Man hat nicht Ernſt damit gemacht. Es muß Ernſt gemacht werden. Ich will die Franzoſen lehren — und ſollt' ich es mit blutigem Fallbeil noch in tauſend Herzen ſchreiben müſſen, — was eine Republik iſt. Es ſoll ihnen die Luſt benommen

werden, in rasch auflodernbem Enthusiasmus mit großen
Ideen zu pralen und zu spielen. Es soll nicht heißen,
daß wir neue, große Gedanken wie Feuerbrände in die
Welt schleudern, für deren Verwirklichung wir selbst, auf
eigenem Boden, zu oberflächlich, zu wankelmüthig, zu flatter=
haft sind — es soll nicht heißen, daß wir Franzosen die politi=
schen Moden erfinden, aber auch die ersten sind, die sie wieder
ablegen, wenn der Mond um ist. — Wir sind Riesen im
Anlauf, Zwerge in der Ausdauer und in der Consequenz, —
ich will unsere Nation Beharrlichkeit und Tiefe lehren —
(mit einem Blicke auf St. Just) ich bin Pedant —

Couthon. Sehr gut — Komm jetzt auf's Besondere,
Greifbare, Robespierre!

Robespierre. Das Revolutionstribunal muß anders zu=
sammengesetzt werden.

Couthon (lächelnd) Setz' Duplay hinein —

Robespierre (ernst) Das thu' ich. Das Gericht muß
Werkzeug sein — blindes Werkzeug der einen, Alles len=
kenden Idee —

Couthon. Nun weiter — weiter!

Robespierre. Das Fest der Vernunft war ein Aergerniß.
Nicht in seiner Idee, aber in seiner Ausführung, und in
seinen Consequenzen. Das Volk ist von diesen Orgien auch
mehr und mehr wieder zurückgekommen. Stellen wir jenem
Fest ein anderes, würdigeres gegenüber. Der Mensch muß
ein Höheres, ein Göttliches anerkennen, — ob in sich, über
sich, gleichviel. Ohne den Blick auf ein Solches fällt er vorn
über, und läuft auf Vieren. — Geben wir dem Volke wie=
der einen Gott —

St. Just. Nenn's aber nicht Gott — er klingt pfäffisch
— gib ihnen mindestens einen neuen, nicht den alten Kate=
chismusgott —

Couthon. Ich für meine Person möchte gerade den alten — den mit Händen und Füßen, der sich rührt, und hilft, und dreinschlägt, je nach Bedürfniß — und ich weiß, ich habe dabei die Sibylle von Montmorency auf meiner Seite.

Robespierre. Wir nennen's das höchste Wesen. Habe ein Jeder an ihm, was er begreift. Diesem höchsten Wesen veranstalten wir ein würdig Fest, einleitend die neue Epoche, in welcher die Roheit der Hebertisten, das Genußtreiben der Dantonisten überwunden ist, und der republikanische Gedanke hervortritt in seiner Reinheit. — Zuletzt beantrag' ich, daß Rousseau's Gebeine mit Pomp in's Pantheon gebracht werden. Man hat den frivolen Schwätzer Voltaire dahin gebracht. Nun aber ist die Zeit des ernsten Rousseau gekommen. — Ich bin zu Ende.

St. Just. Nichts weiter, Robespierre? — Was nützen große Ideen ohne Einheitlichkeit und Präcision der Ausführung? Das Beste muß doch immer durch Einen geschehen. Unsere Collegen im Wohlfahrtsausschuß, der geschmeidige Barère, der wilde Collot d' Herbois, das sind Leute, die gewohnheitsmäßig fortdekretiren und fortköpfen, aber hol' mich der Geier, wenn sie die geringste Vorstellung im Kopfe haben von dem, was nun weiter geschehen, wie die Republik eine feste Gestalt gewinnen soll. — Dabei plagt sie heimlicher Neid auf deine Größe, deine Macht im Volk. Im Convent ist's ebenso. Fort mit diesen hohlen Köpfen — fort mit dieser Spreu von der Tenne!

Robespierre (schweigt)

Couthon. Denk' an Cromwell, Robespierre — der, als es noth that, die Schwätzer aus dem Parlament jagte, die Thür sperrte, und die Schlüssel in seine Tasche steckte. Hast du keine Lust?

Robespierre (schweigt.)

Couthon. Nun, wie dirs beliebt. — Es fröstelt abendlich. Ein Sausen in den Bäumen — Brechen wir auf. Holla, Bürgerin Duplay! (die Familie Duplay und Lebas treten wieder auf) Wir brechen auf, Bürgerin Duplay!

Frau Duplay. Das ist mir lieb. Es beginnt schon unheimlich zu werden hier im tiefen Wald Wißt Ihr, Bürger Couthon, daß es nicht geheuer ist im Wald von Montmorency?

Couthon. Sehr möglich —

Frau Duplay (beängstigt) Soeben hat ein ländliches Weib mir erzählt, daß hier sich ein Wahnsinniger umhertreibt — zumal des Nachts — und wißt Ihr wer es ist? Der Mann, der die Marseillaise gedichtet!

Couthon. Der Autor der Marseillaise? Wir haben ihn seit geraumer Zeit auf der Liste der Reactionäre —

Frau Duplay. Er ist wahnsinnig geworden — die Wirkung seines wilden revolutionären Liedes in ganz Frankreich hat ihm den Verstand geraubt. — Ach Gott, wenn ich einem solchen Wahnsinnigen mit fliegendem Haar im Walde begegnete, ich wäre des Todes!

Couthon. Habt keine Furcht, Bürgerin Duplay. Wir brechen alle zusammen auf. (Duplay und Lebas heben ihn auf, um ihn hinwegzuführen. Im Abgehen) Bürgerin Duplay, mit dem Menuett ists heute noch nichts (ab.)

St. Just (im Abgehen) Robespierre, ich emancipire mich. Ich wiederhole dir, daß ich die Dictatur und eine Proscriptionsliste beantrage. In aller Form Rechtens — ich bleibe auf gesetzlichem Wege — (folgt den Andern.)

Leonore (aus dem Hintergrunde kommend, um sich den Uebrigen anzuschließen, findet an der leer gewordenen Stelle ihren von Robespierre im Eifer des Gesprächs zerpflückten und zuletzt auf den Boden gefallenen

Blumenstrauß. Sie hebt ihn auf und betrachtet ihn traurig. Robespierre nähert sich ihr.)

Ach, Bürger Robespierre,
Ihr habt den Strauß zerpflückt und weggeworfen —
Ach, Alles ist zerzaus't, zerknüllt, zertreten,
Bis auf das Zarte da, das röthlich blüht —

Robespierre. Gebt! — in der That, nur noch das Haidekraut —

(Leonorens Hand fassend mit Nachdruck)

Dies aber will ich tragen vor der Brust
An Frankreichs höchstem Fest! — Geh', gutes Kind!

(Leonore ab. Es ist inzwischen merklich dunkel geworden.)

Robespierre (allein in Gedanken) Gewiß, St. Just; dein Verfahren ist legitim — Beantragt und beschließt, was euch gefällt — Ihr wollt mich zum Dictator machen? Ich bin es — — (er will sich langsam entfernen)

Eine seltsame verhüllte Gestalt (aus dem Gebüsch tretend) Steh, Robespierre! steh, Robespierre! steh, Robespierre!

Robespierre (sich umwendend, während der Fremde seine Hand erfaßt)

Mensch, deine Faust ist eisern, und so kalt
Wie aus dem Grab —

Die Gestalt. Die deine raucht von Blut — Hu, hu, von Blut — (schleudert Robespierres Hand mit Abscheu von sich.)

Robespierre. Wer bist du?

Die Gestalt. Bin die Seele
Des Bluts, das klebt und raucht an deiner Hand —
Ich bin dein bös' Gewissen, bin die Reu' —
Bin Dantons Geist —

Robespierre (sich zum Abgehen wendend)

Wahnwitzig Menschenkind!

Die Gestalt. Steh, Robespierre! steh, Robespierre!
                                          steh, Robespierre! —
Nicht weiter, Robespierre, auf deinem Pfad!
Er führt in Nacht, in Gründe voll des Graun's
Und des Entsetzens vor dir selbst —
Robespierre.   Zurück!
Die Gestalt. Halt ein! Zu schlüpfrig ist von Menschenblut
Der Gipfel, wo du stehst!
Robespierre.   Zurück! Zurück!
Die Gestalt. Ich bin der Geist Dantons, ich bin die Reu',
Dein bös' Gewissen bin ich —
Robespierre.   Dantons Geist? —
Hör', Geist Dantons! schlecht kennst du Robespierre,
Wenn du vermeinst, daß ihn bedrängt die Reu'
Um Dantons Mord — Hör', was mich einzig quält,
Ist der Gedanke, daß mir's nicht vergönnt,
In ew'ges Todesdunkel mit Danton
Hinabzusenden Alles was ihm gleicht —
Die ganze Welt der Halbheit und der
                                       Schwäche,
Die mich umschwirrt — die ganze Welt der Schlaffheit,
Unfähig, festzuhalten einen großen
Gedanken — fest und streng und folgerichtig
Hinauszuführen ihn ans letzte Ziel —
Die Maulwurfsweisheit — die kurzathmige
Begeist'rung, die, gleich Zuckungen der Ohnmacht,
Erlischt im Anlauf, und die schlimmer ist,
Als Ruh von Anbeginn — die Eitelkeit,
Die träg sich streckt aufs Lotterbett des Ruhms —
Das schnöde Histrionen-Heldenthum,
Das sich in großen Rollen bläht, erpicht
Nur auf ein Händeklatschen — die blasirte

Genußgier des Geschlechts — das Alles, hör',
Du Geist Dantons, hätt' ich gesandt so gern
Hinunter mit Danton in ew'ge Nacht — —
Stückweis' ihm folgen solls! Bekämpfen werd' ichs
Mit allen Mitteln — a l l e n — ich will Frankreichs
Zuchtmeister sein, bis es entwuchs der Ruthe,
Bis der Franzose, knabenhaft gezüchtigt,
Gelernt hat, Mann zu sein. Ich will im Namen
Der Freiheit schwingen die Tyrannengeißel
So lang, bis unverrückt auf ehernen
Grundfesten steht die Republik — Fahr' wohl,
Du Geist Dantons, und merke, was ich sprach!
(wendet sich zum Abgehen.)

Die Gestalt. Steh, Robespierre! steh, Robespierre!
steh, Robespierre!
Zum letzten Mal: nicht weiter, Robespierre!
Halt' ein auf deiner Bahn —

Robespierre.   Ich werde geh'n
Die Bahnen, die ich ging, u n w a n d e l b a r!

Die Gestalt (plötzlich einen Dolch zückend) D a s w i r s t d u
n i c h t! d u s t i r b s t! (will ihm den Dolch in die Brust stoßen. Der Dolch prallt ab an Robespierres durch ein verborgenes Panzerhemd geschützter Brust. Die Spitze desselben fällt gebrochen zu Boden. Robespierre zieht ein Pistol hervor und drückt es auf den Unbekannten ab. Dieser taumelt zurück und verschwindet im Gesträuch.)

Robespierre. Wo bist du, Wicht? verschwunden in die
Erde?
Entwischt gleich einem Dieb? Bist du ein Wesen
Von Fleisch und Blut? bist du ein Nachtgespenst?
Gleichviel, gleichviel, du siehst, ich triumphire!
Du siehst, dein Stahl ist abgeprallt an mir,
Und du, du taumelst ächzend von mir weg,
Und dich verschlingt die Nacht — Frankreich, vernimms!

Vernimm's, o Republik! dein Schicksal hat
Entschieden dieser Tag . . .

St. Just. (zurückkehrend) Komm, Robespierre! was säumst du? Es dunkelt. Fort! Fort! — Mir wars, als wär' da eben ein Unbekannter blutend mir entgegengetaumelt im Gesträuch. — Was war es? sahst du nichts?

Robespierre (schweigt)

St Just.. Er war wie Einer, welcher abgeschlossen
Die Rechnung mit dem Leben — einer, der
In einem blutig=wüthigen Duell
Den Kürzern zog, und tödtlich tief getroffen,
Hintaumelt in die Nacht —

Robespierre. Der Geist Dantons!

(Der Vorhang fällt)

Vierter Aufzug.

Erste Scene.

(Das Marsfeld. In der Mitte ein künstlicher, terassenförmig abgestufter Hügel, auf seiner Spitze ein grüner Baum, unmittelbar hinter ihm zwei allegorische Figuren, die Gottlosigkeit und die Eigensucht vorstellend. Volksgewoge. Namentlich viele Bürgersleute, festlich geputzt, Frauen und Kinder, den Hügel betrachtend.)

Ein Knabe. Was ist denn das dort, Vater, für ein Berg?

Bürger. Bube, bist du's denn werth, daß man dich bei deiner Geburt gut republikanisch Cincinnatus geheißen, wie einen alten Römer, wenn du nicht merkst, daß dieser Hügel den „Berg" im Convent vorstellt, das heißt, was man so die Freisinnigen nennt, die auf den höchsten Bänken sitzen —

Knabe. Und der Baum?

Bürger. Ein Freiheitsbaum — weißt du? wie man dergleichen jetzt überall in Frankreich aufpflanzt.

Knabe. Und die beiden häßlichen Figuren dahinter?

Bürger. Nun wart' einmal — kannst du nicht lesen, Bursche? Was steht da auf dem Sockel?

Knabe. „Ei — Ei — Ei —"

Bürger. Nun? „Eigensucht" und dort: „Gottlosigkeit." Siehst du, diese beiden Figuren verbrennt Robespierre, wenn er da hinaufsteigt und das höchste Wesen proclamirt

Knabe. Es ist nicht Schad' um sie, sie sind sehr häßlich. — Was ist denn das höchste Wesen, Vater?

Bürger. Schweig' jetzt, Bube. Warte nur; Robespierre wird das Alles schon erklären —

Eine Frau (zur andern) Auch da, Gevatterin?

Die Andere. Ach Gott, ja! Das ist heute Etwas für's Gemüth!

Die Frau. Ach, Robespierre denkt an Alle. Vorige Woche ließ er die Armen versorgen, die kein Brod hatten —

Ein Freigeist (der lächelnd zugehört, zum Nachbar) Und für die Armen im Geiste sorgt er heut (gehen vorüber.)

(Die aus dem ersten Aufzuge bekannten beiden R o y a l i s t e n treten hervor.)

Erster Royalist. Er scheint denn doch ein wenig nach unserer Seite hin einzulenken.

Zweiter Royalist. Im Convent und im Wohlfahrts=ausschuß herrscht eine wunderliche Verblüffung.

Erster Royalist. Ja. Die Gemäßigten sind ihm gram wegen seines Terrorismus, die Terroristen wegen seiner reactionären „Schrullen", wie sie's nennen.

Zweiter Royalist. Und der verliebte Tallien agitirt im Auftrage seiner schönen Gräfin Cabarrus aus Leibeskräften gegen ihn.

Erster Royalist. Können Alle zusammen die Faust nur im Sacke ballen. Er ist nun einmal der Abgott des Volkes —

Zweiter Royalist. Gibt es doch sogar schon im a r i s t o=k r a t i s c h e n Lager Schwärmer für ihn —

Erster Royalist. Und Schwärmerinnen —

Zweiter Royalist. Wie die Marquise von St. Ama=ranthe — Wir sehen uns heute bei ihr? (gehen vorüber.)

Ein Sansculotte (zu seinem Nachbar) Heute wimmelts von Bourgeois und von Aristokraten —

Zweiter Sansculotte. Es ist auch ein Fest für die

Erster Sansculotte. Und für die Weiber.

Zweiter Sansculotte. Ja, die flennen vor Freude, daß sie nun wieder einen Gott haben sollen. Wenn die Weiber nicht beten dürfen und die Augen verdrehen, und dann und wann etwas Weniges zerknirscht sein, so schmeckt ihnen die Sünde nicht mehr. Was hältst denn du von Gott, Jacques?

Erster Sansculotte. Kenn' ihn nicht. Aber Robespierre kenn' ich. Und wer heute nicht so laut wie jemals brüllt: „Es lebe Robespierre!" den schlag' ich zu Boden als einen Feind der Republik.

Zweiter Sansculotte. Ja, wenn es ein Anderer wäre, der solchen Firlefanz macht, so möchte ich wohl fragen: he, wie ist's gemeint? Aber dem Robespierre muß unser Einer kleine Wunderlichkeiten nachsehen.

Der Stelzfuß (zu dem aus dem ersten Akte bekannten Sansculotten, im Gespräche nach vorn kommend) Bruder, was soll's denn eigentlich mit diesem Fest des höchsten Wesens? Mir will's nicht eben sonderlich gefallen —

Sansculotte. Tropf! das „höchste Wesen", das ist ja er — verstehst du? — er selbst! Und was er da feiert, das ist sein Regierungsantritt — seine Thronbesteigung — begreifst du? (gehen vorüber.)

Bürger (zum andern) Ein Prachttag heute! Dieser blaue Himmel!

Zweiter Bürger. Der schönste Frühlingstag. Sie zögern lang. Es ist spät —

Erster Bürger. Mittag vorüber. Vom Conventspallast sind sie schon aufgebrochen. Habe selbst den Zug gesehn und bin ihm vorausgeeilt —

Zweiter Bürger. Du lieber Himmel — gewiß ein Prachtaufzug?

Erster Bürger. Die Deputirten alle hochfestlich angethan. Und Robespierre! — Wie man vordem zur Trauung in die Kirche ging — sag' ich euch. Und er immer den Andern ein wenig voraus — so stolz, wißt ihr, als ob er im Triumph aufgeführt würde — und dann und wann sah er sich ein wenig um, ob der Zwischenraum, der ihn von den Andern trennte, ja groß genug sei — Tallien lächelte immer und blinzelte seinen Nachbarn zu — (Trommelwirbel, Musik, Kanonensalven — Bewegung im Volke.)

Zweite Scene.

(Der Festzug kommt heran. Henriot mit einer Abtheilung der Nationalgarde. Kinder, dann festlich geschmückte Jungfrauen mit dreifarbigen Schärpen, Blumenkörbchen tragend. Große Fahnen und andere Embleme der Republik. Die Mitglieder des Convents und des Wohlfahrtsausschusses, Alle festlich angethan, in Röcken von dunkelblauer Farbe mit rothem Futter und rothen Aufschlägen, die Hüte mit Eichenlaub geschmückt, Sträuße von Blumen oder von Aehren in der Hand. Den Uebrigen etwas voran Robespierre, in Gang und Miene gehobene Stimmung verrathend, einen großen Blumenstrauß in der Hand, im Knopfloch vor der Brust das Heidekraut; — sorgfältig gepudert und frisirt. Lebhafter Zuruf empfängt ihn. Die Musik verstummt. Er steigt den Hügel empor. Die Mehrzahl der Conventsmitglieder gruppirt sich um den Abhang und den Fuß des Hügels.)

Tallien (hält einige seiner Collegen zurück, darunter Barère und Collot d' Herbois) Wollt ihr euch als Arabesken am Postament verwenden lassen? Bleibt!

Barère. Still, Tallien! sein Blick fiel wiederholt auf dich!

Collot. Dieser Berg hat in der That einen schmalen Gipfel. Nur ein Einziger hat oben Platz! —

(Lautlose Stille im Volke. Pause.)

Robespierre (feierlich, langsam und ausdrucksvoll beginnend) Bürger der Republik! — Was ist Gott? (Pause) Weise der Vorwelt sagten: er ist die Luft — andere: er ist das Feuer — andere: er ist das Wasser — andere: er ist die Erde. Sie haben bald eine stralende Kugel am Himmel, bald einen behauenen Stein und zuletzt einen Menschen aus ihm gemacht — einen allmächtigen, allwissenden Menschen — einen König — einen König des Himmels und der Erde — — Bürger der Republik! Was ist Gott? Ich sage, er ist mehr: — Er ist der Zorn im Busen des Unterdrückten! — Er ist der Gewissensbiß im Busen des Unterdrückers! — Er ist das heilige Feuer im Herzen des Patrioten! Er ist der Todesmuth im Herzen des Vaterlandsvertheidigers! Er ist die Ausdauer — er ist die welt- und selbstvergessene Hingebung — er ist die Selbstaufopferung in der Seele des Mannes, der eine innere Stimme vernommen, des Mannes, der eine Mission auf Erden zu erfüllen hat! Er ist der reine Glanz auf der Stirne des Gerechten! Er ist die Scham auf der Wange der Schönheit! Er ist die Zärtlichkeit im Busen der Mutter! — Hebert und Chaumette sagten euch: er ist die Vernunft. Ich sage euch: er ist mehr: Er ist die Freiheit — er ist die Tugend — er ist die Liebe — er ist der Schrecken! — Sein Tempel aber ist die Natur — sein Cult das Leben nach der Natur in Einfalt und Sittenstrenge, in wahrer Freiheit, Gleichheit und Brüderlichkeit! -

Das ist Gott! —

Volk von Frankreich! Diesem Gott entblöße mit mir dein Haupt! (er entblößt sein Haupt) Wilder Sansculotte, beuge Dich vor diesem höchsten Wesen! Ohne seinen Anhauch bist du ein Thier, ein Ungeheuer! — Volk von Frankreich, schwöre zu seinem Cult! — Wir sind ein Volk unter den Waffen, so verkünde der Donner der Kanonen von Paris die Huldigung, welche in diesem Augenblicke das Volk von Frankreich darbringt dem höchsten Wesen! (Kanonendonner und Musik fällt ein, die Fahnen werden geschwenkt. Frauen heben ihre Kinder in die Höhe — enthusiastische Zurufe, Mützenschwenken. Robespierre ergreift eine brennende Fackel, die ihm gereicht wird und steckt damit die Standbilder der Eigensucht und der Gottlosigkeit in Brand, die prasselnd zusammenstürzen; an ihrer Stelle erheben sich zwei andere Gestalten mit den Inschriften: Tugend und Weisheit. Die Musik und der Zuruf verstummt. Robespierre fährt fort zu sprechen:) Bürger! mit dem heutigen Tage beginnt eine neue Epoche für Frankreich! Erwartet eine Reihe letzter, entscheidender Maßregeln, denn es ziemt, daß die Unwissenheit und die Roheit auf der einen Seite, auf der andern die frivole Genußsucht, die Gesinnungslosigkeit, die Oberflächlichkeit, die Eigennützigkeit endlich verdammt werde zur Ohnmacht, und hervortrete die volle Kraft des republikanischen Gedankens. Die Zahl der Lauen, der Verderbten ist noch groß. Aber unser Ziel bleibt nach wie vor die republikanische Tugend — unsere Waffe der Schrecken. Gehet hin, Bürger! heute haben wir ein friedlich Fest gefeiert — morgen werden wir fortfahren, die Feinde der Republik zu bekämpfen!

Begeisterte Zurufe. Hoch Robespierre! Hoch die Republik!

Einzelne Stimmen. Hoch Robespierre, Frankreichs Diktator!

Robespierre. Nicht so, meine Freunde! — Ich rede zu euch im Namen des Convents, der mich für heute zu seinem Präsidenten gewählt hat. Wollte ich mich Haupt und Führer nennen, so wäre dies ein verdammlicher Ehrgeiz. Ich bin nicht mehr als ein Soldat, der im Eifer der Schlacht ein wenig aus der Reihe tritt, und seinen Genossen voran sich auf die Feinde stürzt. Hab' ich diesen Ehrgeiz, so verzeiht! Es lebe die Republik! (Neue Zurufe, er steigt herab, Musik fällt wieder ein, das Volk drängt sich im Hintergrunde um Robespierre, macht Miene, ihn auf den Schultern zu tragen, er wehrt ab, Frauen werfen sich ihm entgegen, bestreuen ihn mit Blumen. Der Zug ordnet sich, den Rückweg anzutreten. Die Musik verstummt.)

Tallien (im Vordergrunde) Seht ihr, nun haben wir wieder einen Gott!

Collot d'Herbois. Ich weiß nicht genau, soll es der alte sein oder ein neuer —

Tallien. Der alte, der alte. Er ist wieder droben an seinem Platze. Wenn das Wetter hell ist, könnt ihr ihn mit einem guten Teleskop sehen, wie er eben sich die Sonne als goldne Troddel an die Zipfelmütze hängt. Er ist jetzt ein mit Decret angestellter Gott.

Barère. Spotte nicht, Tallien! Es war doch kein übler Gedanke von Robespierre. Er kennt das Volk.

Ein anderes Conventsmitglied. Er sprach sehr schön. Was er sagte, hat mir gefallen.

Collot. Ja, aber er selbst hat mir dabei gar nicht gefallen. Habt ihr bemerkt, mit welcher Miene er den Hügel hinanstieg? Wie ein Triumphator aufs Capitol!

Tallien. Ja, aufs Capitol — in dessen Nähe bekanntlich der **tarpejische Fels lag** — (Robespierre ist inzwischen, nachdem der Zug sich wieder geordnet, langsam durch das ihn umdrängende Volk nach vorn gekommen, hat die Worte Talliens gehört, und streift ihn mit einem verachtenden Blicke.)

Barère (leise zu Tallien) Still, Tallien! Dein Herz hast du verloren an die schöne Cabarrus — sieh zu, daß du nicht auch den Kopf dazu einbüßest —

St. Just (leise zu Robespierre) Hast du gehört, was da Einige flüsterten?

Robespierre. Hast du gehört, was **Tausende mit lauter Stimme riefen?** (Er und die übrigen Conventsmitglieder schließen sich dem Festzuge wieder an und verschwinden von der Bühne.)

Bürger (zum andern) Ein schönes, erhebendes Fest. Begeisterung in Fülle —

Zweiter Bürger. Mir stehen die Thränen in den Augen.

Ein anderer Bürger. Also aus der Abschaffung der Guillotine wird nichts —

Zweiter Bürger. Nein, wir sind noch immer nicht so tugend= und ehrenfeste Spartaner, als Robespierre aus uns machen will. Darauf läuft bei ihm immer Alles hinaus. Er wird täglich gelber vor Gallenüberfluß.

Erster Bürger. Es war allerdings verteufelt hübsch anzusehen, als die Selbstsucht und die Gottlosigkeit brennend herunterstürzten, und die Weisheit und die Tugend dafür emporstiegen —

Zweiter Bürger. Ja, aber habt ihr nicht bemerkt, daß die Weisheit und die Tugend ein wenig schwarz geworden waren vom Rauch, den die Verbrennung der Eigensucht und der Gottlosigkeit verursachte?

Erster Bürger. Mit ein bischen Wasser wird man's wieder rein waschen —

Zweiter Bürger. Oder mit ein bischen Blut — Kommt, Nachbar! (das Volk hat sich inzwischen zerstreut.)

Dritte Scene.

(Großer tiefer Saal im Hause der Marquise von St. Amaranthe. Reiche Ausstattung. Der Vordergrund ist durch zwei dicke Säulen vom Hintergrunde getrennt, in welchem man eine zahlreiche Gesellschaft sich bewegen sieht. Die beiden Royalisten kommen nach vorn.)

Erster Royalist. Gemischte Gesellschaft, sagt Ihr? Ach was — (ironisch) Ihr wißt ja: Alle Menschen sind gleich — Was sagte der „göttliche Marat?" „Unter der Erde kommen wir Alle zusammen — Ein Würmerfraß" —

Zweiter Royalist. Pfui!

Erster Royalist. Und was gab ihm zur Antwort der „göttliche Danton?" „Suppe und Speichel kommen eben=

falls im Magen zusammen; daraus folgt aber nicht, daß man in die Suppe spucken darf" —

Zweiter Royalist. Puh! Darin hör' ich ganz den cynischen Strolch —

Erster Royalist. Der so viele aristokratische Passionen hatte. — Unsere liebenswürdige Marquise hat auch die Marotte, dem Geschmack aller Stände und aller Parteien gerecht werden zu wollen.

Zweiter Royalist. Soeben hat sie Thränen der Rührung vergossen über das „Fest des höchsten Wesens." Was uns hier vereinigt, soll ja, wie ich höre, eine Art Nachfeier dazu sein

Erster Royalist. Ja, sie bereitet uns, wie man mir sagte, einige Ueberraschungen vor.

Zweiter Royalist. Ueberraschungen? Ei, die können ihr nicht schwer fallen. Geht sie doch um mit Zauberinnen und Seherinnen —

Erster Royalist. Mit Madame Theot —

Zweiter Royalist. Madame Theot — huhu, — sprecht den Namen leise — mir wird unheimlich zu Muth bei dem Namen — ich fühle mich gleich wie von einem Zauberkreis umspannt —

Erster Royalist. So etwas noch in unserem republikanischen Paris!

Zweiter Royalist. Neben den neuen Wundern sterben die alten nicht aus (gegen den Hintergrund blickend) Ei, siehe da, der greise Vicomte und die greise Vicomtesse von Belleville!

Erster Royalist. Und der fromme Abbé Galiaud mit ihnen.

Zweiter Royalist (die vorwärts Kommenden begrüßend)

Erlaubt,
Daß ich die Hand Euch küße, Vicomtesse!

Es labt zu seh'n so unversehrt und frisch
Ein Reis vom höchsten, sturmzerzaus'ten Gipfel
An Frankreichs Adelsbaum — mit anderm Wort
Wie man zu sagen pflegt, die Crême der Crême —
Vicomte (weißlockiger Greis mit zitterndem Haupte)
Geschlag'ne Crême, Marquis! geschlag'ne Crême,
Bübisch geschlag'ne Crême —
Erster Royalist. Sie bleibt doch oben.
Vicomtesse (sich auf eine Ottomane niederlassend) An meine Seite, Herr Abbé!
Vicomte (immer mit zitterndem Haupte) Schwere Zeiten, Marquis! — sündige Zeiten — kein Wunder, wenn der gerechte Gott in seinem Zorn uns Alle verdammt — Alle verdammt —
Erster Royalist. Nicht Alle, Herr Vicomte! nicht Alle
— nicht
Die Dulder für den Thron und den Altar,
Die Märtyrer aus Frankreichs Adel —
Vicomtesse. Ja,
Der liebe Gott, er überlegt sich's zweimal,
Bevor er einen Mann vom Stand verdammt —
Erster Royalist. Und einen Priester!
Abbé (seufzend, mit frommem Augenaufschlag)
Ach, wie wenige,
Wie wenig echte Priester gibt es noch!
O welche Gräuel schauten meine Augen!
Gleich im Beginn der unheilvollen Wirrniß
Erblickt' ich einen meiner gottgesalbten
Geweihten Brüder, einen Priester, der
Umherlief in des Nationalgardisten
Gewandung, und zu einem Sterbenden
Den Herrn des Himmels im Tornister trug!

Zweiter Royalist. Europa's allvereinte Heere waschen
Die Schmach nicht weg, die man auf Königthum
Und Priesterschaft und Adel häuft! — Vor Kurzem
Besucht' in thörichter Herablassung
Ich die Versammlung meiner Section.
Ein Weib sitzt neben mir — im Schoos ein Kind —
Das schreit — sie rollt es auf aus seinen Windeln —
Ich bitt' Euch, Vicomtesse, hört nicht zu!
Für Euer Ohr ist's nicht — Mit Ekel wend' ich
Mein Haupt zur Seite — die Megäre merkt's —
„Aristokrat, was rümpfest du die Nase?
Schau, 's ist ein wacker Sansculottenkind!"
Rufts, setzt mit Hohngelächter gar die widrig
Beschmutzte Creatur mir auf den Schoos,
Indeß sie selbst die Windeln wieder ordnet!
Vicomtesse (zieht ihr Riechfläschchen)
Vicomte. Was hört ihr denn vom Ausland, Herr
      Marquis?
Erster Royalist. Wie Simsons Füchse mit entbrannten
      Schwänzen,
Nach biblischen Bericht, so tragen auch
Nach allen Richtungen die Emigranten
Den Kriegeszunder in die Welt. Im Innern
Sind wir nicht müßig; hoch in den Provinzen
Weht unser Banner noch, und in Paris
Ist das, was Robespierre, der Schreckensmann,
Anzettelt, gut für uns, bei Gott, sehr gut.
Wenn dieser Mann sich zum Dictator macht,
Zum Autokraten Frankreichs, nun, so ist
Doch mind'stens das monarchische Prinzip
Gerettet vor der Hand, und ad absurdum
Geführt die Republik —

Ein Banquier (in Begleitung eines zweiten nach vorne kommend dem ersten Royalisten sich nähernd) Welch' Vergnügen, Herr Marquis! ich sah Euch lange nicht —

Erster Royalist. Hab ich wieder Geldaffairen zu ordnen, so werd' ich Euch aufsuchen, Herr Banquier!

Die Vicomtesse (aufstehend) Euren Arm, Marquis! (mit ihren Begleitern ab nach dem Hintergrund.)

Erster Banquier. Bettelstolzes Volk!

Zweiter Banquier (lachend) Der Zwischenfall wird Euch Eure gute Laune nicht rauben —

Erster. Nein.

Zweiter. Die Rente steigt —

Erster. Dank dem „höchsten Wesen!" — Ihr spielt doch auch à la hausse?

Zweiter. Wie Jeder, der sich auf den Wind versteht

Erster. Wer wagt, gewinnt. Unser Metier ist jung, aber es hat eine schöne Zukunft. Schwankende Zustände sind gerade das, was wir brauchen. Unser Symbol ist die rollende Kugel Fortunas.

Erster. Arbeit und Handel stockt — das Spiel florirt — das Spiel florirt immer. Ob Robespierre die Franzosen köpft, oder sie ihn, ob unsere Heere siegen oder davonlaufen, aus jeder Notiz fallen baare Procente heraus, und das Fett der Zeitungsenten träuft in u n s e r e Pfannen —

Zweiter. Alle Teufel! wir sind's, die den Champagner trinken und die schönsten Weiber des Landes küssen, wenn dieser dumm=stolze Adel langsam verkümmert auf seinen verfallenden Schlössern — (gehen vorüber)

Ein betagter Herr (von militärischer Haltung, mit großem grauen Schnurbart, nach vorne kommend, zu seinem Begleiter)

Sagt, was Ihr wollt; ist auch die ganze Sache
Für welche unsere Armee'n sich schlagen,

Nicht ganz die meinige bedenken müßt Ihr:
Dies Haupt ist unterm Königthum ergraut!)
Hoch schlägt mein Herz bei jeder Siegeskunde!
Seit ich das Kriegsgewitter donnern höre,
Traun, bin ich wieder jung! Was Robespierre
Im Wohlfahrtsausschuß thut, mich kümmerts nicht:
Mich kümmert, was im Departement des Krieges
Gebraut wird hinter Carnots grünem Tisch —

Der Begleiter. Es sind gute Köpfe bei der Armee Carnot sagte mir jüngst, daß ein junger Bataillons-Chef, Bonaparte geheißen, ihm die genialsten Operationspläne einsendet — Erlaubt, ich sehe da eben unsern Meister David wandeln, am Arme des Poeten Chenier — (David ansprechend) Bürger David, ich habe einen Ruysdaël angekauft und möchte Euer Urtheil darüber hören —

David. Ich komme.

Der Begleiter. Thut es bald (ab)

David. Ein Lebemann —

Chenier. Und Kunstnarr, wie es scheint.

David. Die sind jetzt selten, wie die Versenarren —

Chenier. Leider. Was hast du gethan in letzter Zeit?

David. Ich habe republikanische Feste malerisch arrangiren helfen. Und du?

Chenier. Ich habe eine „dereinstige Grabschrift auf Robespierre" gemacht.

David. Laß hören!

Chenier. „Hier liegt der todte Robespierre:
   Wand'rer, steh' still und danke Gott:
   Denn wenn er noch lebendig wär',
   So wärst du todt!" —

David (lachend) Hymnensänger! Ist das Alles? Schlechte Späße?

Chenier. Guillotinenhumor — Es ist öde geworden in meinem Haupt —

David. Wie überall. Vor Allem im Convent. Die besten Köpfe nach einander auf dem Schaffot gefallen! Was außer Robespierre noch übrig ist, sind Solche, die ihre Zeit dort bloß ab sitzen, und keinen edleren Theil ihres Körpers dabei anstrengen ... Robespierre sieht sich keinem Manne mehr, sondern nur Massen gegenüber. Bist du für ihn oder wider ihn?

Chenier. Ich bin Poet, und du weißt, die Poeten begeistern sich nur für todte Helden.

David. Die Ideen der Republik sind groß und gewaltig. Und glaube mir, der einzige Mann, der mit Ernst, Energie und Consequenz sie vertritt, als ihr Träger und Hort, ist Robespierre. Mit ihm fiele wirklich die Republik.

Chenier. Ja, die Idee'n sind groß. Wir machen schöne
Musik, nur wissen wir noch nicht genau,
Ob Engel oder Teufel dazu tanzen.
Blick ich von den Ideen auf die Menschen
So seh' ich ewig nur den alten Spaß
In neuer Form. Man spricht von Freiheit — will
Sie aber doch nur stets für sich allein.
Frei sind doch ewig nur Diejenigen,
Die eben stärker sind —

David. Das sind Gottlob
Doch meist die Fortschritts-, und die Freiheitsmänner,
Die Demokraten —

Chenier. Und wenn sie es einmal n i c h t sind, was dann? Werden sie Bedenken tragen, die Majorität zu nasenstübern, wenn sie es können? Aber nach ihrem eigenen Princip dürften sie es nicht. Lieber Freund, mit den schönen Redensarten von voller Gleichberechtigung und vom Recht der Majoritäten ist's eine eigene Sache. Sie sind absurd, wie Alles in der Welt, was **unbedingt** gelten will. Das Recht der Majoritäten — ach du lieber Gott! Gibt's einen Menschen in der Welt, der wirklich im Ernste behauptet, die Stimme des Dummkopfs und des Strolchs sei im Staate so viel werth als die des Weisen und des vortrefflichen Mannes? Und doch ist dieser pudelnärrische Satz erster und oberster Canon unseres modernen demokratischen Staatsrechts.

O Freund, Prinzipe sind doch nur Schablonen,
Mit welchen wir uns selbst zum Besten haben
Sie sind von innen hohles Phrasenwerk,
Das gleich zerfällt, sobald man **ernst** es nimmt.

David. Welche **bessere** Theorie des Staates würdest du aufstellen?

Chenier. Es gibt keine bessere. Sie sind alle elend. Sie sind elend, wie Alles unter dem Monde. Denn Alles ist elend unter dem Monde — mehr oder weniger, und die alte Torheit der Menschen ist, daß sie immer etwas absolut Gutes gefunden zu haben meinen. Was die Ideen anlangt, die sind lauter Rechenpfennige. Man kann alles Mögliche behaupten; aber nichts ist so vernünftig, daß es nicht, wenn es zum Princip, zum System gemacht wird, sich sogleich als unvernünftig und voll innerer Widersprüche herausstellte.

Nimm dazu die Unredlichkeit im Parteienkampfe — des Pöbels Leichtsinn, der dich heute vergöttert, morgen auf ein Verläumderwort hin spießt — Der Mensch ist ein entsetzlich schwächliches, borniertes, geiststumpfes, oberflächliches dabei zornmüthiges, und in der Leidenschaft bestialisches Geschöpf. — So find' ich die Welt nun einmal, lieber Freund! ich kann nicht anders.

David. Gerade weil sie so ist, thut ein Mann wie Robespierre ihr noth.

Chenier. Vielleicht. — Der meint eine Idee zu haben; aber sie hat ihn. Er ist ihr Narr. — Sieh dir nur einmal die Einzelnen in dieser bunten Gesellschaft an, betrachte was sie vorstellen und erstreben — die Wenigsten von ihnen sehen darnach aus, als ob sie das Ideal des Rousseau'schen und Robespierre'schen Bürgers zu verwirklichen Lust hätten. Robespierre wird noch viel, viel zu thun haben, bis ganz Frankreich nach seinem Modell mit dem Messer der Guillotine zugeschnitten ist.

David. Freund, ich habe dich für einen Demokraten gehalten — du bist geheimer Royalist —

Chenier (lachend) Fürchte nichts. Bin trotz all' dem, was ich gesagt, Demokrat, und wer sich so nennt, der ist entweder Republikaner, oder ein Narr. Wenn es nach hundert Jahren noch einen König mit Scepter und Krone und einem glänzenden Hofstaat gäbe, so würde man ihn so lächerlich finden wie den Dalai Lama oder den weißen Elefanten von Siam — (in die Scene blickend) Die Marquise von St. Amaranthe ist in der That ein reizendes junges Weib.

David. Ist's nicht die Prachtgestalt der Gräfin Cabarrus, die an ihrer Seite wandelt?

Chenier. Talliens Freundin — Siehst du, wie er hinter ihr hertänzelt, der girrende Seladon, der gezähmte Löwe von Bordeau? (Beide wenden sich nach dem Hintergrunde, während die Genannten nach vorn kommen.)

Marquise von St. Amaranthe (schwärmerische Züge — etwas gesuchte, phantastische Tracht) Du liebst ihn nicht?

Gräfin Cabarrus (stattliches Weib von stolzem Wesen)
                    Den Bluthund, der im Kerker
Mich schmachten ließ?
    Marquise (scherzend) Warum doch, schöne Freundin,
    Hast du nicht deiner Reize Allgewalt
    An dem erprobt?
    Gräfin. Von diesem Manne möcht' ich
Nichts liegen sehn zu meinen Füßen, als —
Den Kopf.
    Marquise. Ei, seht einmal, du bist ja selbst
Ein Robespierre im Weiberrock! — Er hat
Doch edle große Pläne —
    Gräfin.   Schwärmerin!
Vertragen sich mit Blutdurst edle Pläne?
Marquise. Darüber frag Madame Theot —
Gräfin.   Der Name
    Schlägt mir seit Wochen wiederholt ans Ohr.
    Was ist's doch mit Madame?
(Die beiden Damen lassen sich auf die Ottomane nieder, Tallien bleibt hinter oder neben der Gräfin stehen, den Arm auf eine Lehne gestützt.)
    Marquise.   Vorläufig schelten
    Sie ihre Feinde Sectenstifterin.
    In allen Kreisen hat sie Proselyten —
Gräfin. Und auch in solchen, wie ich sehe, wo
Man sie nicht suchen sollte! — Liebe Freundin,
Wie magst du dich so schnöd' umgarnen lassen
Von einer alten Thörin, der es einfällt,
Ein mystisch Evangelium zu verkünden
In dieser Zeit des grellen Lichts?
Marquise.   Ach, Liebste,
Das Leben ist so leer, so nüchtern worden
In dieser Zeit des grellen Lichts! Es scheint,

Das Herz des Menschen ist ein Tempel, der
Nicht lang kann bleiben ohne Götterbilder.
Insonderheit das Herz der Frau'n —

Gräfin. Ich selbst
Bin eine Frau —

Marquise. Ja, doch die glänzendste
Ausnahme des Geschlechts! — Und dennoch, Freundin,
Wär' eben in Madame Theot's Verkündung,
So Manches wohl für eine große, freie,
Für eine stolze Seele, wie die deine,
Wenn du nur auch, wie ich, es nicht verschmähtest,
Zu lauschen auf den Wellenschlag des Großen,
Des Edlen, wo er immer rauschen mag,
Wär's auch auf off'nem Markt. — Madame Theot,
Sie ist so kühn als tief — im höchsten Sinn
Vereint sie Religion und Freiheitsdrang —

Tallien. Verzeiht, edle Marquise, Euer Schützling ist vielleicht doch nur eine Erneuerin der Geheimweisheit, für welche vordem Swedenborg, St. Germain, die Rosenkreuzer, die Illuminaten u. s. w. Propaganda gemacht haben — Nichts Neues unter der Sonne —

Marquise. Zum Vortheil nur gereicht es ihr gewiß,
Daß And're auf sie vorbereitet haben.
Gilt ihr doch selbst die Revolution
Als Vorbereitung nur auf die Bewährung
Der Dinge, die sie lehrt. Geschmachtet hat
Sie lang in der Bastille — in Kerkernacht
Kam über sie das neue Licht —

Gräfin. Und die Erleuchtete, sie kam zu dir,
Du gute, schwärmerische Seele?

Marquise. Nein!

Ich kam zu ihr — im nächt'gen Dunkel war's —
Ein düst'res, halbverfall'nes Haus in stillem,
Entlegnem Stadttheil ist ihr Aufenthalt.
Dies einsam düst're Haus jedoch verbirgt
Im Innern glänzend-wundersame Dinge.
Sobald du einen matterhellten Saal,
Den „Tempel der Geheimnisse", betreten,
Erblickst du dich im Kreis der Eingeweihten,
Wo geisterhafte Chöre, liebliche
Und schreckliche Erscheinungen, ein fremdes
Geheimnißvolles Thun, die Seele ganz
Dem ird'schen Bann entrücken. Endlich tritt
Sie selbst hervor, die hohe Seherin,
Mit der Verkündung eines neuen Reichs.
Sie spricht von einem Rachestral des Himmels,
Der Alles, was verderbt, unwürdig ist,
Vorher vernichten müsse. Robespierre
Nennt sie bald ihren lieben Sohn, bald wieder
Den ersten der Propheten, Mahomet,
Den neuesten Messias — manchmal auch
Bezeichnet sie ihn als den König Saul,
Und als die Hexe von Endor sich selbst
Doch, wozu sprech' ich dir so viel von ihr?
Bald spricht sie für sich selbst. Anfleht' ich sie,
Einmal auch dies vielleicht unwürd'ge Haus
Zum „Tempel der Geheimnisse" zu machen.
Nicht Alle spornt ein Stachel in der Brust,
Sie aufzusuchen in der weitentleg'nen,
Verfallenen Behausung. Hier versammelt
Ist ein erles'ner Kreis. Sie weilt in meinen
Gemächern schon und bald tritt sie hervor —
Dies Haus ist heut das ihre, und ich selbst
Bin nur ihr Gast darin —

Gräfin (mit leichtem Spotte) Ach, das sind ja geheimnißvolle Ueberraschungen — recht wie für gute Kinder am Weihnachtsabend —

Marquise. Mehr noch, als du denkst, liebe Freundin! Daß ich es dir nur gleich heraussage — noch Jemand wird erscheinen, den du hier nicht zu finden gedacht —

Gräfin. Das wäre?

Marquise. Der, an dem dein Wunsch vor wenig Augenblicken dich zur Herodias gemacht — der Held des Tages — Robespierre!

Gräfin (sich erhebend) Kommt, Tallien!

Marquise. Bleib, Elisa, bleib! nur für wenige Augenblicke hat er versprochen in unsern Kreis zu treten.

Tallien. Ei, der zurückhaltende Robespierre — ?

Marquise. Er zögerte lang. Doch als von Madame Theot und ihren Erfolgen ein Freund ihm Kunde gab, sprach er nach stillem Besinnen zuletzt: Ich komme.

Gräfin. Tallien, wir bleiben.

(Es erklingt eine ferne leise Musik. Die Versammlung wird aufmerksam.)

Marquise. Schon kündigt sie sich an.

(Die Musik verstummt wieder. Die Marquise wendet sich zur Versammlung)

Verehrte Gäste!
In uns're Mitte treten wird sogleich
Die Seherin, mit hohem Wort zu künden,
Was nie bedeutungsvoller mag erklingen,
Als an dem Tage, der zum ersten Mal
Nun wieder alle Stände und Partei'n
Vereinigt sah durch eine höchste Feier!

(Die Musik beginnt auf's Neue, aber etwas stärker, der Saal verdunkelt sich — im Halbdunkel tritt Madame Theot, die Seherin, plötzlich hervor, phantastisch angethan, einen Kranz auf dem Haupte.)

Die Seherin (in Verzückung — mit dramatisch lebendigem Ton, welcher die vorgeführten Bilder unmittelbar anschaulich macht)

Wer seid ihr, Männer und Frauen? Seid ihr Pilger, die hinüber wollen durch's rothe Meer von Blut in's Land der Verheißung? Seht ihr sie winken, die goldnen Hesperiden? Zurück! Zurück! Ein Doppelstrom umgürtet sie noch — ein Blutstrom und ein Feuerstrom! Der Blutstrom dampft, der Glutstrom raucht — und auf dem schwarzen Dampfgewölk, der aus beiden sich mischt, steh'n grinsende Dämonen — Ein erstickender Aether verbreitet sich umher — Wo bleibt ihr, Engel mit den Lilienstengeln, mit den Palmzweigen, Kühlung wehend? — Ich möchte reden — was sind Worte? was Namen? Ein schönes Sternbild ist der Skorpion am Himmel — aber ein schnödes Ungeziefer auf Erden — im Staube kriechend! Worte glänzen — Bilder sprechen! Schaut! In den Zenith des Himmels schwingt euch auf mit mir und blickt in die Tiefen! Seht ihr den Erdball kreisen? Er möchte sich ganz in's Lichtreich heben, aber wie er sich auch wende und drehe, getaucht ist eine seiner Hälften in die Nacht — Er möchte aus Verzweiflung sich ganz in die Nacht stürzen, immer aber bespült ihn zur Hälfte der Lichtquell! — Bescheide dich, bescheide dich, du Kind der Dämmerung; es kommt die Zeit, wo die Wellen des Lichts von allen Seiten über dir zusammenschlagen! — Seht ihr den Funkentanz von rothem Höllenfeuer im Erebus? es kommt die Zeit, wo der Funke den Funken an sich reißt, und die Feuerkugel sich ballt und aufwärts steigt als schöner blanker Stern! — Einen Tempel seh' ich — Bluts- und Thränentropfen triefen endlos herab von seinen Wänden — schaudert nicht! sie gerinnen zu Säulen, zu Bildern eines Wunderdoms! — Ein unendlicher Riese steht einsam im unendlichen Weltraum — er öffnet den Mund — will sprechen — die Zunge wächst ihm aus dem Munde hervor, sie wächst und wächst und

streckt sich und es wird eine Schlange daraus — eine endlos
lange Riesenschlange, die umherzüngelt im weiten wei=
ten All, in so vielen, vielen Windungen, daß ihr Ende den
Riesen nicht mehr kennt, der sie ausstreckte, und sich wie
gegen einen fremden Leib gegen ihn aufbäumt, und ihn
stechend bedränt mit giftigem Stachel! Er aber schlingt sie,
wenn es Zeit ist, geruhig wieder in sich, und sie spricht
fortan Worte des Lebens! — Wann? ach wann? —
Mit Zähren tritt der Mensch in's Leben — aus Wolken
taucht das Gestirn — aus dem Chaos die Welt — aus dem
Schooß der Stürme die Freiheit. Die Ströme dampfen —
wo ist der Fährmann? wehe! weh! die Fluten steigen —
alle Nachen sind zerschellt — Wo ist der Moses, der uns
hinüberführt in's gelobte Land durch's rothe Meer von
Blut? (in höchster Ekstase) Erscheine, Vollender! erscheine! —
Er kommt! Wetterschlag und Feuerschein geht ihm voraus!
(ein rother Schein ergießt sich zu wiederholten Malen über die Bühne.)
Erscheine, Vollender! erscheine!

(In diesem Augenblicke tritt Robespierre ruhig ein. Die Re=
flexe des rothen Scheins fallen auf sein Gesicht, und verlieren sich
dann. Er schreitet, während alle Augen gespannt auf ihm haften, langsam
in den Vordergrund, um die Marquise von St. Amaranthe zu begrüßen.)

Robespierre. Ihr wünschtet, edle Frau, in Eurem Kreise
mich zu seh'n —

Die Seherin (ihm entgegentretend)

     Der du die Welt.
Verachtest, und die Menschheit liebst — Heil dir!
Gewitterregen über Frankreichs Gau'n,
Heil dir! — Harr' aus — geh' unverrückt zum Ziel!
Die Revolution ist eine Sphynx —
Hinunterstürzt sie in den Abgrund Alle,
Die nicht ihr Räthsel g a n z zu lösen wissen!
Du h a s t's gelös't! Doch — denk an Oedipus,

Du Räthsellöser! denk' an Oedipus!
Auch dir droht ein Geschick! — Allüberall
Ist Schwäche, stumpfer Sinn und Eigensucht —
Nur Menschen sind's, die dir zur Seite kämpfen;
Du nur, du bist kein Menschenkind — du bist
Der Wille — bist die Kraft — bist der Gedanke —
Die Einheit du! —
Harr' aus und wage, wage Robespierre!

Robespierre (mit feierlichem Nachdruck) Ich werde meinen Weg wandeln, wie ich bisher ihn gewandelt: ruhig, entschlossen, besonnen, fest und sicher. Vieles verändert sich um mich, ich bleibe derselbe. Ernst machen will ich mit dem republikanischen Ideal der Gleichheit und Brüderlichkeit unter den Menschen. Wahrheit will ich setzen an die Stelle des Schein's — wahres Gefühl von Menschenwürde an die Stelle falschen Ehrgefühl's, den Reiz des sittlichen Glück's an die Stelle entfesselten Genußtaumels — die Herrschaft der Vernunft an die Stelle der Tyrannei des Herkommens.

Bald wird der Schrecken überflüßig geworden sein, und das müde Frankreich wird den Segen des Errungenen genießen. Vorher aber (mit einem Seitenblick auf Tallien) werde ich die Herausforderungen boshafter Zwerge, die sich als armseliger Nachtrab überwundener Riesen hervorwagen, zu beantworten nicht ganz verschmähen. Ich werde das Volk schützen gegen die Intriguen der Selbstlinge, die mein Streben verdächtigen, meine Wege kreuzen wollen.

Die Marquise von St. Amaranthe (wendet sich zu Robespierre, indeß die Seherin in die Coulisse verschwindet. Die Bühne hat sich seit dem Eintreten Robespierre's wieder erhellt) Darf nach der Prophetin die schlichteste, bescheidenste Eurer Verehrerinnen das Wort ergreifen? Segen bedeutet Euer Eintritt meinem Hause, Segen bedeutet er dieser ganzen Versammlung; ist er doch ein Unterpfand der Versöhnung — ein Unterpfand dafür, daß endlich für immer sich schließen wird der Ring der Gesellschaft, und daß sich bald vielleicht am nächsten berührt, was bisher sich am fernsten gestanden! — Kommt, Bürger Robespierre! tretet in die Mitte des Kreises, der mit Hoffnung und Vertrauen auf Euch blickt! (Sie führt Robespierre in die Tiefe des Hintergrundes, wo er, inmitten eines glänzenden Kreises an einem Tische Platz nimmt — jedoch so, daß er und seine Umgebung durch die beiden großen Säulen des Mittelraumes beinahe gedeckt ist.)

Die Gräfin Cabarrus (mit Tallien hastig nach vorn kommend in großer Erregung — sie zieht ein kleines Dolchmesser in zierlicher Scheide aus dem Busen und entblößt es, ungesehn von den Personen des Hintergrundes) Tallien! seht Ihr diesen Stahl?

Tallien. Gräfin — Ihr seid ein Weib —

Die Gräfin. Hat nicht Charlotte Corday, als sie in die Kammer des scheußlichen Marat drang, gezeigt, daß in Frankreich die Weiber thun müssen, was die Männer nicht wagen?

Tallien. Gebt mir den Dolch —

Die Gräfin. Ja, Tallien, ich bin ein Weib — und Ihr ein Mann — und Ihr habt doch wohl gesehn, mit welchen Blicken er Euch maß?

Tallien. Gib mir den Dolch, Elisa!

Gräfin. Nehmt! Und wenn dies Eisen das Blut des Wütherichs nicht so gierig trinkt, als er selbst das Blut des Menschengeschlechtes trank, so kommt nie wieder vor mein Auge! — Rasch, eh' seine Büttel, die mich schon einmal in's Kerkerdunkel warfen, auf's Neue die Hand nach mir ausstrecken! denn er kennt mich wohl —

Tallien. Angebetetes Weib! was thät' ich nicht um deinen Besitz?

Gräfin. Genug! (geht rasch nach dem Hintergrunde.)

Tallien (den Dolch an seiner Brust verbergend) Dies Eisen?

hm! das bewahr' ich für den schlimmsten Fall! — Ei, sieh da, Freund Billaud —

Billaud-Varennes. Er hat deutlich gesprochen —

Tallien. Sehr deutlich hat er gesprochen, unser Moralist, unser Puritaner — in Gegenwart eines seiner Collegen vom Wohlfahrtsausschuß — in deiner Gegenwart, Billaud —

Billaud. Ihn ohne Maske zu sehen, sind wir im Wohlfahrtsausschuß nun beinahe gewohnt.

Tallien. Wirklich?

Billaud. Du solltest ihn dort nur einmal sehen. Ein geborner Despot, sag' ich dir. Spät kommt er, tritt nachläßigen Schrittes ein, setzt sich, ohne zu sprechen, heftet die Blicke hartnäckig auf die Tafel des Tisches vor ihm, spielt den Zerstreuten bei langen Discussionen, gähnt sogar, oder lächelt verächtlich, während wir uns die Köpfe zerbrechen. Seine alte Taktik ist, daß er wartet, ob wir nicht von selbst das beschließen, was er will; kommen wir von der Fährte ab, so schickt er einen seiner beiden Wachthunde, Couthon oder St. Just, in's Feld, und erst wenn diese nichts ausrichten, spricht er persönlich seine Meinung aus, aber kurz wie eine Ordre, und ohne Motivirung. Opponirt man noch, so schweigt er stracks, und geht davon. Den nächsten Tag bringt er die Sache wieder vor, aber in so entschiedenem und scharfen Ton, daß es Keinem mehr einfällt, zu widersprechen —

Tallien. Was zwingt Euch seinen Willen zu thun?

Billaud. Was weiß ich — Ist's im Convent anders?

Tallien. Nein. Du hast Recht: es ist dort eben so. (für sich) Es muß doch wol das Eisen d an — — Billaud, die Worte, die heute hier gesprochen worden, müssen das

Blut des Geduldigsten in Wallung versetzen. Es ist Zeit, Billaud —

Billaud. Gegen ihn aufzutreten? Gegen die Besieger Dantons? — Du scherzest! — (nach dem Hintergrunde blickend) Er macht Miene sich zu entfernen, nachdem ihm die Marquise einen Becher aufgenöthigt — er leert ihn — sieh! Der sonst nüchterne Robespierre!

Tallien. Einen Becher mit Menschenblut vielleicht — sein Lieblingstrank. — Ich scherze, meinst Du?

Billaud. Wie denkst du dir die Möglichkeit eines ernstlichen Angriffs?

Tallien. Ich werde mir die Inspiration holen in der Erinnerung an meines Freundes Dantons Mord —

Billaud. Und am Busen der schönsten aller Gräfinnen —

Tallien. Was dünkt dich größeren Werth zu haben: Die kühlen, blutbefleckten Ideale des Utopisten Robespierre, oder der warme Busen dieses göttlichen Weibes?

Billaud. Glücklich der, der wählen kann, wie du!
(Beide ab. — Robespierre hat sich entfernt, der Saal leert sich.)

Vierte Scene.
(Schauplatz wie zu Anfang des zweiten Aufzuges, im Hause Duplay's.)

Leonore (allein bei brennender Lampe sitzend, eine weibliche Arbeit auf ihrem Schooße. Sie hebt das Haupt und starrt in schmerzlichem Nachdenken vor sich hin) Wie Engel mit weißen Flügeln saßen sie da — und ihr Gesang — so wunderbar — so traurig=leise verhallend — — (sie vernimmt Tritte, fährt empor, die Arbeit entgleitet ihrem Schooß) O, wie erschreckt mich jetzt sein Schritt! —

Robespierre (tritt ein in Gedanken, ohne Leonore zu bemerken) Die Schurken! — Die Thoren! — Ich hab' es wohl bemerkt! — So fern ich saß, ich sah den Narren Tallien flüstern mit dem Schwachkopf Billaud! Ich sah den Stahl blitzen in den Händen seiner Buhlerin! — Und die dumm=

dreisten Spottworte dieser Elenden beim Feste des Tages! O diese Brut — sie rastet nicht, eh' sie ausgerottet ist bis auf den letzten Rest! — Noch nicht genug des Blutes geflossen? — Bah, diese Nachlese von wenigen armseligen Köpfen ist eine Kleinigkeit, — eine Kleinigkeit! — Was wollen diese Pygmäen? — Ich bin angelangt auf dem Gipfel! Der heutige Tag hat mich dahin emporgeführt! Und doch von außen nicht mehr scheinend als der Erste Beste aus dem Volk — mein Ideal, mein Stolz von Anbeginn! — Kein hochtrabender Titel — keine schimmernde Würde — siegende, allgewaltige Geistesmacht allein! — Ich möchte mich mit Jemand darüber freuen! — Thor, der ich bin! — Huldigungen umrauschen mich; aber ich habe so wenig Freunde — so wenig Freunde! Couthon, St Just, sie sind mir Kampfgenossen, treue, blind-ergebene Kampfgenossen; aber wir haben nur den Streit gemeinsam und das Schlachtfeld, nicht die Rast. — Wie kommts, daß, je höher man steigt, man sich um so einsamer, verlaß'ner fühlt? — (er bemerkt Leonore) Du noch hier, Kind? — Dein sanftes Bild begegnet mir erfreulich am Abende dieses bewegten Tages! Es geht über mir auf, beruhigend wie der Mond nach des Tages Glut und Mühen! — Gib mir deine Hand, Leonore! (Leonore reicht ihm die Hand zögernd, das Gesicht scheu und bewegt von ihm abwendend) Nein, das ist's ja nicht, das Angesicht der sanften Leonore! Was ist dir, Kind? (Sie schweigt) Sprich — du erzürnst mich!

Leonore. Verzeiht, Bürger Robespierre!

Robespierre. Hast du vergessen, Kind, was du zu mir sprachst im Walde von Montmorency?

Leonore. Ach, Bürger Robespierre! Ich kann Euch nicht mehr so in's Auge blicken wie damals!

Robespierre. Warum nicht mehr?

Leonore. Seit gestern bin ich so verstört, — ich kenne mich selbst nicht mehr — ich möchte nur immer weinen —

Robespierre. Was ist gescheh'n?

Leonore. Ihr wißt, selten betret' ich die Straße. Gestern that ich's, an der Seite meiner Mutter, auf ihr Geheiß. Da kam uns ein großer, sehr großer Karren entgegen. „Der Karren ist's", sprach meine Mutter, „der Karren, der zum Richtplatz fährt — der Henkerkarren." — Ich sah ihn vorher nie. Und auf dem Karren saß ein ganzer Schwarm von jungen, schönen aber todblaßen Mädchen — alle in weißen Gewändern — es war, wie wenn irgendwo ein weißer Taubenschwarm sich niederläßt —

Robespierre. Was du gesehn, es waren die Mädchen von Verdun — in ihren Ballgewändern — Als der Feind die Festung nahm, veranstalteten die feigen, nichtswürdigen Bewohner ein Ballfest zu Ehren jener „Befreier" und die Mädchen, die du auf dem Karren geseh'n, französische Bürgerinnen, verbrachten mit den Siegern, Soldknechten des Auslands, eine Nacht in fröhlichen Tänzen —

Leonore. Wie Lilien waren die Mädchen anzusehen — so rührend-schön — Hinter dem Karren aber sah ich ein altes Mütterchen herhinken, das murmelte leise vor sich hin einen Fluch — einen entsetzlichen Fluch gegen — — o, es zerschnitt mir das Herz — ich sank zurück — die Arme meiner Mutter fingen mich auf — mit Mühe brachte sie mich heim —

Robespierre. Der Anblick hat dich so von Grund aus umgestimmt?

Leonore. Sie huben ein frommes Lied zu singen an — so herzzerreißend klangen ihre Silberstimmen — Ich las einmal, daß weiße Schwäne singen, wenn sie sterben — das muß so klingen — o, ich hätte sterben mögen mit die-

sen Mädchen! — Lieber sterben, als immer dies Bild vor
Augen haben! — Ach, Bürger Robespierre, ist es denn
nicht entsetzlich?

Robespierre. Ich weiß es nicht. Frage den Krieger
im Feld, ob das brechende Auge des Feindes ihn entsetzt.
Frage den Jäger, ob der Blick des zarten Reh's ihn rührt
Es gab eine Zeit, wo mich der Mord einer Fliege Ueber-
windung kostete. Und jetzt ist mir ein Menschenleben nichts.
Auch das meine. Wer nennt mich feig? Soldatisch den
Bramarbas zu spielen mit dem Säbel in der Faust, das
ist allerdings meine Sache nicht. Aber ich bin meinen
grimmigsten Gegnern ruhig entgegen getreten, habe den
Kampf mit ihnen aufgenommen. Und war der Dolch einer
Meuchelmörderin weniger auf mich gezückt als auf Marat?
Bin ich deshalb weniger ruhig meinen Weg fürder gewan=
delt? Ich habe gesiegt — ich habe Alle überdauert — Ich
glaube, ich bin Einer, der nicht sterben kann — und möchte
es doch zuweilen — — Kind, sei wieder ruhig — vergiß,
was du gesehn. Ich verspreche dir, daß ich künftig leicht=
sinnige, oberflächlich gesinnte Weiber, die kein Vaterlands=
gefühl haben, kein Gefühl für Ehre und Schmach ihrer
Nation, nicht mehr tödten, sondern nur mit Ruthen blutig
peitschen lassen will. — Sei wieder ruhig, Kind! —

Siehst du, Lenore,
Heut bin ich wie ein Mann, der einen Berg
Bestiegen hat. Am Gipfel angelangt,
Streckt er zur Rast sich hin und blickt zurück
Auf den durchmeß'nen Weg. Bedeutsam wird
Ihm jetzt, woran er in des Wanderns Eile
Fast ohne Seitenblick vorüberging.
Auch wie ein Krieger bin ich: in des Kampfs
Gewühl und Lärm — merkt er die Blume wohl,

Die auf dem Schlachtfeld blüht? Doch nach dem Sieg
Streckt er sich neben sie vielleicht zur Rast,
Erblickt sie, bückt sich nieder, labt sein Aug'
An ihrer reinen Schöne. Du, Lenore,
Bist eine solche reine stille Blume!
Wie sehr bedaur' ich, daß ein Tropfen Blut
Des Kampfgewühls, das ringsumher noch tos't,
Bespritzt dich hat — getrübt den reinen Schmelz!
O schüttl' ihn ab, den Tropfen, liebes Kind!
Sei wieder hold und heiter wie zuvor!

Leonore. Ach, Bürger Robespierre, ich war einst so glücklich!

Robespierre (sie sanft anblickend) Beruhige dich, Kind!

Leonore (ihre Thränen trocknend) Ja, Bürger Robespierre!

Robespierre (ihre Hand ergreifend) Ueberwinde dich, und denke wieder gut von mir!

Leonore. Ja, Bürger Robespierre!

Robespierre (haucht einen Kuß auf ihre Stirn) Was zitterst du?

Leonore. Eure Lippe ist kalt, Bürger Robespierre!

Robespierre. Närrchen! Sie brennt, aber deine Stirn ist noch heißer. — Lächle wieder, Leonore! Ich wills (streng) Hörst du? Ich wills! Lächle, sag' ich!

Leonore. Ich wills versuchen, Bürger Robespierre!

Robespierre (seinen Arm ruhig um ihren Hals legend) Mir gefällt dein schöner weißer Schwanenhals, Mädchen! — Die rothe Korallenschnur schlingt sich so schön um diesen weißen Hals — wie eine Blutspur läuft sie rings herum — —

Leonore (schaudernd) O, Gott! hinweg! hinweg! (will fort.)

Robespierre Bleib! (will sie zurückhalten.)

Leonore (sich losreißend) Ich kann nicht, o Gott! ich kann nicht!

Robespierre (aufbrausend) Thörichtes Geschöpf! (sie entflieht.)
Robespierre (nach einer Pause)
Ei seht, ei seht, ein Mädchen, fast noch Kind,
Sie wagt — —
    (sich an die Stirne greifend)
  Ha, Robespierre, besinne dich! —
Was war das, Robespierre? ha, du warst schwach —
Schwach, schwach das erste Mal in deinem Leben!
   (auf einen Stuhl niedersinkend, nachdenklich)
Was war das W e i b bisher in meinem Sein? —
Ein weißer, sanftgebogner Schwanenhals,
Ein zarter Busen, eine Rosenwange,
Ein weißer, weicher, linder Mädchenarm —
Was war mir das? — Und nun? Hat mich das Glück
Des Tages so berauscht? hat die Marquise
Mir einen Zaubertrank kredenzt im Becher?
    (in Träumerei versinkend)
An einen weichen Busen sich zu schmiegen,
An einer süßen Lippe hängen — Seltsam!
Mein Leben floß dahin, und ich, nicht e i n e n
Gedanken hatt' ich d a f ü r im Gehirn,
Nicht e i n Gefühl d a f ü r im Herzen übrig —
Ha, Lipp' an Lippe — Herz an Herz — und Welt
Und Zeit und sich vergessen — —
    (aufspringend)
      Leonore!
Wo bist du? komm! wo bist du, Leonore? —
Sie kehrt nicht wieder, und ich bin allein —
A l l e i n — mich faßt ein Grau'n — ein Groll
  zugleich — —
Was ist das, Robespierre? Schmach über dich!
Erhebt sich wider dich dein eignes Ich,
Dein überwund'nes Selbst? Und stellt der M e n s ch

Zu dir, der unterdrückte, rebellirend,
Als neuer Robespierre sich gegenüber
Dem alten Robespierre? — Fort, Doppelgänger!
Fort! — Oder war der falsche Doppelgänger
Der alte Robespierre, der geisterhaft
Als blut'ges Schreckgespenst die Welt durchschritt,
Und der den warmen, den lebendigen,
Den Robespierre mit Fleisch und Blut verdrängte?

(sich aufraffend)

Genug, genug! Ruf dich nicht selber an,
Nachtwandler Robespierre! 's ist deine Sendung,
Zu wandeln schwindellos auf steilstem Grat,
Geschloss'nen Auges — —

    O einfältig Mägdlein!
Warum empört in deinem Kindesherzen
So die Natur sich schaudernd gegen mich?
Du armes Kind! — ei freilich, freilich wohl,
Es ist ein eignes Ding um Menschenblut — —
Doch, war mein Herz nicht rein? Ist's meine Schuld,
Daß sich die Glutgedanken dieses Hirns
Als lebensdurst'ge Schatten vor mich stellten,
Den Schatten des Homer im Hades gleich,
Die, um sich zu beleben, zu erwärmen,
Blut trinken mußten, warmes Opferblut?
Ist's meine Schuld, daß sie, Vampyren gleich,
Um sich zu lösen aus dem starren Tod,
Ihr Sein zu fristen in der Erdennacht,
Verurtheilt sind, erbarmungslos zu saugen
Die rothen Säfte der Lebendigen? —
Ist's meine Schuld, daß dies Geschlecht so klein,
Zerfahren, elend ist, daß nur der Schrecken
Es vorwärts treibt auf g'rader Bahn zum Ziel? —

Die ganze Last der Republik, sie ruht
Auf mir allein. Ich habe, was um mich
Her stand, und was die Last mir tragen half, vernichtet.
Das Feindliche um mich — es ist vertilgt,
Und das Verwandte in mir aufgegangen
Nur schnöde Halbheit, Mittelmäßigkeit,
Ist's, was noch neben mir ein Leben fristet
Und thöricht keck sich aufbäumt wider mich.
Die Freiheit und die Republik, sie ruh'n
Auf diesen Schultern. Wenn ich untergehe,
So fällt der stolze, kühngethürmte Bau,
Die Umkehr bricht herein mit Allgewalt,
Und dieser Schreckenszeit Geschichte bleibt
Ein grausenhaftes Märchen ohne Sinn,
Ein zwecklos wildes, tolles Unterfangen
Für alle Folgezeit. — Was du begonnen,
Vollende, Robespierre! wo nicht, so stirb! —
Harr' aus, harr' aus, und wage, Robespierre!
Sei nicht ein Schaukelkahn auf wilder Flut!
Sei treu dir selbst, treu bis zum letzten Hauch!
Mehr kann kein Mensch. Denn ein Verhängniß gährt
Im Blut, und reißt es fort — ein Weltgeschick —
Nur es erfüllen heißt es überwinden!

(Der Vorhang fällt.)

Fünfter Aufzug.

(Sitzungssaal des Convents. Tallien tritt ein im Gespräch mit Billaud, sehr munter in Mienen und Geberden.)

Billaud. Du spielst va banque, Tallien!

Tallien. So ist's — Ich weide mich zum Voraus an der Verblüffung der ganzen ehrenwerthen Versammlung, wenn ich im entscheidenden Moment urplötzlich die Bombe platzen lasse —

Billaud. Du wagst zu viel!

Tallien (lachend) Einer, der den Strick um den Hals hat und eben gehängt werden soll, kann nie zu viel wagen. Robespierre ist nicht mehr im Stande, mich auf die Liste zu setzen, denn ich — stehe schon darauf. Das Gefühl einer solchen Lage gibt Zuversicht und eine vortreffliche Laune.

Billaud. Das merk' ich. Du bist so munter und aufgeweckt, wie ich dich lange nicht gesehen. Ich glaube, du kommst von einem feinen Dejeûner bei der Gräfin Cabarrus. Deine Augen leuchten, wie abgeschiedene Seelen von Champagnerflaschen, denen die Hälse gebrochen worden.

Tallien (lachend) Bin ich aufgeregt? Du wirst heute noch meine Ruhe bewundern — Robespierre wird ein Stümper gegen mich sein, was Ruhe betrifft —

Billaud Womit willst du aber den Andern Muth machen?

Tallien. Mit ihrer Angst. Wissen sie erst, daß das Beil über ihnen hängt, so wird es ihnen ergehen wie zitternden jungen Hunden, die man in's Wasser wirft, und die zu ihrer Verwunderung merken, daß sie schwimmen können. Gib Acht, wie sie aufkochen, wenn ich ihnen sage, daß Robespierre sich heut zum Dictator ausrufen läßt, und daß er dazu eine Festhekatombe von Volksvertretern schlachten lassen will —

Billaud. Das Alles ist aber doch nicht so eigentlich gewiß —

Tallien. Nein, das nicht. Aber der Wahlspruch Robespierres: „Mit allen Mitteln!" muß sich auch an ihm selber bewähren. Dieser Robespierre kann wie ein großer Feldherr nur mit seinen eigenen Listen geschlagen werden. Wer nichts gelernt hat von ihm, der ist ihm nicht gewachsen.

(Deputirte von der Partei des Berges treten ein.)

Tallien (ihnen die Hand schüttelnd) Alle Wetter, warum so nachdenklich?

Erster Deputirter. Ein erregter, unheimlicher Tag —

Zweiter. Man sagt, daß Robespierre heute zum ersten Mal wieder im Convent erscheinen und eine wichtige Rede halten werde —

Dritter. Nachdem er einige Wochen wie verschollen gewesen —

Vierter. Er macht es zuweilen wie der Fuchs: er stellt sich todt —

Fünfter. Gestern Abends sah ich ihn doch über die Gasse huschen; aber sein Miethsherr Duplay ging hinter ihm drein, mit einem Prügel bewaffnet, nicht viel dünner als mein Arm —

Erster. Da begab er sich in den Jakobinerklub.

Tallien. Natürlich — Heerschau zu halten für den Entscheidungstag —

Erster Deputirter. Möglich, daß er in diesen Wochen

bei der Studierlampe wieder eine vernichtende Rede ausgegrübelt hat —

Tallien. Was Lampe — die Augen eines Tigers haben ihm nächtlich dazu geleuchtet. Was Robespierre heut in den Convent mitbringt, ist eine Proscriptionsliste, so lang wie ein Kometenschweif. Auf dieser Liste stehen Alle, die nicht durch das Guckloch schauen wollen, welches Madame Theot gestochen hat in die Theater-Cortine des Jenseits. Männer vom Berge! wisset, daß Robespierre geäußert hat, ein langer Nachtrab von Hebertisten sei immer noch übrig, und diesem müsse man endlich völlig den Garaus machen —

Erster Deputirter. Man wird sich zu vertheidigen wissen.

Tallien. Zuvorkommender Angriff ist die beste Vertheidigung (Andere Deputirte, der Ebene angehörig, sind inzwischen eingetreten) Männer von der Ebene, seid gegrüßt! Heut ist der Tag, wo sich die Extreme der Parteien berühren müssen, um einen festen Ring, eine Handschelle zu bilden für einen gewissen dreiköpfigen Cerberus. Die Häupter eurer Partei sind schon insgeheim davon verständigt. Es gilt eine Defensiv- und Offensiv-Allianz wider den großen Hecht im Karpfenteich der Republik.

Erster Deputirter von der Ebene. Wider Robespierre? Der hockt ja seit Wochen wieder zu Hause, als säß' er auf einem Taubenei und müßte daraus den heiligen Geist ausbrüten —

Tallien. Gebt Acht, es ist ein Basiliskenpaar, was er ausbrütet.

Der Deputirte. Das wäre?

Tallien. Die Dictatur und eine Proscriptionsliste! — Männer von der Ebene, wißt ihr, daß Robespierre behauptet, ein langer Nachtrab von Girondisten und Dantonisten sei noch übrig und müsse nun endlich vollends ausgerottet werden? Brave Leute von der Ebene, wann wollt ihr uns die Hände reichen zum Bunde wider den?

Zweiter Deputirter von der Ebene. Aus der Ebene ist er nicht hervorgegangen, sondern aus dem Berg —

Tallien. Dann hat der Berg eine Maus geboren, und es wird für diese Maus sich eine Katze finden. Eure Hände! (schüttelt ihnen die Hände. Barère tritt ein.)

Tallien. Siehst du, Barère? den Tag deiner Präsidentschaft bezeichnet ein Phänomen, ein Wunder: Berg und Thal kommen heute zusammen!

Barère. Brausekopf Tallien, du bringst uns in's Verderben!

Billaud. Laß ihn; er hat heute besser als je gefrühstückt —

Barère. Bei der schönen spanischen Gräfin? Sie macht einen Sprudelkopf aus ihm.

Billaud. Im Gegentheil. Sie hat ihn zahm gemacht, den einstigen Septembermann, wie einen Papagei. Er pickt jetzt Zucker aus ihrer Hand, und nippt süßen Wein aus ihrem Fingerhut.

Tallien (trällernd und tänzelnd) Wie sang Danton? „Es lebe das Leben, das rosige, helle" —

Barère. Freund, es ist gefährlich, Danton's Erbschaft anzutreten! — Wißt ihr, daß Collot d'Herbois gestern im Jakobiner=Club bald eine halbe Elle kaltes Eisen in den Leib bekommen hätte?

Tallien. Trotz der frischen Wunde für das Vaterland von des Meuchelmörders Dolch?

Barère. Sie lachten seiner, als er darauf hinwies.

Tallien (lachend) Ich hätt' ihn sehen mögen, den wilden Collot, nach diesem Abenteuer!

Barère. Da kommt er selbst! (Collot tritt ein.)

Tallien. Ist dein Grimm verraucht, sehr ehrenwerther und tapferer Collot?

Collot. Ich weiß, daß auf der Rednerbühne gegen Robespierre nichts auszurichten ist. Aber ich erwürge ihn, bevor er sie wieder besteigt — ihn und seine beiden Schächer — mit dieser Faust —

Barère. Du bemerkst sehr richtig, daß auf der Rednerbühne gegen ihn nichts auszurichten ist. Er wird heut erscheinen, und sprechen wie sonst, und Recht behalten wie sonst.

Einer von den Deputirten, die inzwischen eingetreten. Er wird nicht kommen, sag' ich euch — wenigstens nicht um eine Rede zu halten. Wenn er kommt, so kommt er an der Spitze des insurgirten Volks, um den Convent zu sprengen. Vorzeichen davon haben wir auf dem Wege hieher bemerkt. Auf dem Stadthause gaben in jüngster Zeit seine Creaturen den Ton an. Henriot ist für Jeden zu haben, der dem Convent zu Leibe geht. Robespierre wird nicht kommen, sag' ich euch noch einmal — wenigstens nicht so wie ihr meint. Im Hof des Stadthauses wimmelts von Soldaten; auf einigen Brücken und auf dem Carousselplatze sollen Batterien aufgefahren sein — Er wird nicht kommen, sag' ich euch, er wird nicht kommen —— (blickt auf einmal, betroffen, starr in die Scene, das Wort stockt ihm im Munde, Alle folgen der Richtung seines Blicks mit gleicher Betroffenheit.)

Einzelne Stimmen. Er kommt!!

Robespierre (tritt ein, während Alles im Saale wie auf einen Schlag verstummt. Er schreitet ruhig und gemessen, ohne seitwärts zu blicken, vor; an seiner Seite St. Just.)

Stimmen. Zu den Sitzen! (die Deputirten nehmen ihre Plätze ein — Barère den Präsidentenstuhl.)

Tallien (lächelnd, für sich) Der Meister der Schule tritt unter die Knaben — — wohlauf! zu gutem Glück! (er begibt sich auf seinen Platz, ganz im Vordergrunde, möglichst nahe den Zuschauern. Couthon wird in einer Sänfte hereingetragen, und setzt sich, von Dienern unterstützt, neben St. Just.)

Robespierre (besteigt unter allgemeiner Spannung die Rednerbühne, und spricht scharf accentuirend, aber mit Ruhe) Ich will von dem, was ich heute vorzubringen gedenke, vorläufig nur Weniges andeuten. Als das französische Volk sich seine Freiheit erkämpfte, da erschien nichts wunderbarer vor ganz Europa, als die bisher in der Geschichte der Völker unerhörte Energie, mit welcher es dies that; und nachdem es geschehen, übertrifft wieder die rasche Ermattung, die Lauheit, welche Frankreich in der Behauptung und in der Befestigung der Freiheit zeigt, alle Erwartung. Der Mangel einheitlichen Denkens, einheitlichen Strebens, einheitlich concentrirter Kraft ist schuld, daß wir aus dem Zustande der Revolution noch immer nicht in den eigentlichen Normalzustand einer geordneten Republik haben gelangen können. Das Volk will endlich in befestigten Zuständen die Frucht seiner Bemühungen ruhig genießen — und doch hat das Verständniß des strengen republikanischen Gedankens die Massen noch lange nicht genug durchdrungen. In der Armee greift ein Cult ausschließlich militärischen Geistes um sich, der dem echten Bürgersinn gefährlich wird. In den leitenden Behörden Frankreichs, im Convent und im Wohlfahrtsausschuß besteht trotz scheinbarer äußerer Fügsamkeit ein heimlicher Antogonismus, der um so bedenklicher ist, da er keineswegs den Widerstreit energievoll gegen einander gespannter Prinzipien und Kräfte vorstellt, sondern mehr dem Aneinanderschlagen unsicher im Winde schwankender Halme zu vergleichen sein möchte. Was von Leidenschaft noch zu Tage tritt, das beruht gar nicht mehr auf der Erbitterung zwiespältiger Meinungen — denn in dieser Beziehung ist man beinahe stumpf und apathisch geworden — sondern auf persönlichen Sympathien und Antipathien, welche sozusagen als Niederschlag früherer Gährungen und Kämpfe zurückgeblieben sind. Wiewol ein Symptom der Schwäche, ist dieser Antagonismus doch stark genug, den Erfolg aller bessern Bestrebungen zu verzögern. Neid und kleinliche Eifersucht hängen sich mit Centnerlast an die Schritte der Thätigen. So hat man mich Tyrann, Dictator gescholten. Was bin ich in Wahrheit? Einer von den sieben hundert Vertretern des Volkes, einer von den zehn Mitgliedern des Wohlfahrts-Ausschusses. Sechs hundert neun und neunzig Männer im Convent, neun im Wohlfahrts-Ausschuß besitzen genau dieselbe Macht wie ich. Meine, auf legalem Wege gemachten Vorschläge sind häufig von euch angenommen worden — das ist Alles. Wer zu beweisen im Stande, daß Robespierre auch nur ein einziges Mal aus eigener angemaßter Machtvollkommenheit gehandelt, der trete hervor! Daß ich durchaus nicht unumschränkt herrsche, daß nicht immer meine Ideen es sind, welche durchdringen, beweis't am besten der Zustand unseres Gemeinwesens, auf den ich soeben hingedeutet. Dieser Zustand vermindert die Consolidirung der Republik, so wie ihre Spann- und Widerstandskraft nach außen. Noch immer erhebt der Royalismus kühn sein Haupt, und immer gibt es sogar in unserer Mitte noch Männer, welche bewußt oder unbewußt reactionäre Pläne begünstigen. Ich brauche kaum zu sagen, daß ich der Meinung bin, man müsse sie unschädlich machen. Auch sonst ist in Erwägung zu ziehen, ob die gegenwärtigen Formen der Staats-Verrwaltung nicht einer Veränderung bedürfen. Mir genügt es für den Augenblick, auf diese Punkte hingewiesen zu haben. Ich behalte mir vor, sobald Andere sich ausgesprochen, neuerdings das Wort zu ergreifen. (Verläßt die Tribüne.)

St. Just. Ich beantrage, daß diese Erklärung Robespierres gedruckt werde, wie es Brauch ist bei Erklärungen, auf welche der Convent ein besonderes Gewicht legt.

Couthon. Ich beantrage überdieß, daß man sie versende an alle Gemeinden Frankreichs, wie es Brauch ist bei den wichtigsten und entscheidensten Kundgebungen im Convent.

Barère. Ich fordere die Versammlung auf, durch Erheben von den Sitzen zu entscheiden, ob die Erklärungen Robespierres gedruckt und an alle Gemeinden Frankreichs versendet werden sollen. (Die Versammlung erhebt sich mit Ausnahme Talliens und Einiger, welche neben ihm sitzen, und die er zurückhält.) Der Vorschlag ist angenommen.

Tallien (für sich) Knechtische feige Gesellen! — Würde sofort die Dictatur beantragt, sie würden sie votiren! — Es ist Zeit, die Bombe platzen zu lassen. — Präsident, das Wort! (er besteigt die Tribüne) Wenn ich Robespierres Andeutungen nicht gänzlich mißverstanden habe, so herrscht in der leitenden Behörde Frankreichs, im Wohlfahrts-Ausschuß, ein **Zerwürfniß.** — Barère, Tagespräsident der Versammlung, und Mitglied des genannten Ausschusses, ich frage dich im Namen der Vertreter des Volkes, besteht ein solches Zerwürfniß?

Barère. Wüßte nicht. Es besteht unter den Mitgliedern des Wohlfahrts-Ausschusses ein völliger Einklang in allen wesentlichen Punkten —

Tallien. Das freut mich zu hören. (Mit ruhiger, aber schneidender Ironie fortfahrend) „Völliger Einklang in allen wesentlichen Punkten" — also wohl auch darin, daß es nachge=

rade räthlich erscheint, die Gewalten Frankreichs in der Hand eines Einzigen, eines Dictators, zu vereinigen? Irr' ich nicht, so ist für dies Ehrenamt ein Mann in Aussicht genommen, für welchen besagter Titel eher zu bescheiden, als zu volksfeindlich klingt, wenn es nämlich wahr ist, daß man kürzlich unter der Bettmatratze der Madame Theot Proklamationen gefunden, in welchen jener Volksvertreter bezeichnet wird als **Prophet**, als **neuer Messias**, ja wenn ich recht gehört habe, gar als ein **neuer König in Israel** —

Robespierre (zur Tribüne schreitend) Ich verlange das Wort, Präsident!

Tallien (ruhig) Wer hat das Wort, Barère?

Barère. Robespierre.

Tallien (immer ruhig, ironisch) Meinst du? Er hat das Wort? — Nun — so hab' ich etwas **Besseres**! (Er zieht plötzlich den von der Gräfin Cabarrus erhaltenen Dolch und zückt ihn auf Robespierre — große Sensation.)

Barère (erschrocken) Tallien, du bist verrückt!

Tallien (lächelnd und ruhig wie zuvor) Erschrick' nicht, Barère! — keine Furcht, Freunde! — Der Mann, wie ihr ihn da seht, wird nicht mir, noch euch mehr schaden. Denn — daß ihr es nur wißt — er ist ein Verräther, und ich stoß' ihn nieder mit diesem Dolch, wenn ihr ihn nicht auf der Stelle in Anklagestand versetzt! — Was gafft ihr mich an? Thu' ich so Ungemeines? wage ich mich an ein übermenschliches Wesen? Nein! Der Mann da blinzelt so gut als Einer, wenn er in's Licht guckt oder wenn ihm die blanke Spitze eines Degens vor die Nase gehalten wird. Er ist zurückgetaumelt so gut als ein Anderer, im ersten Augenblick, als ich vom Leder zog, und erst im zweiten hat er die stoische Larve wieder aufgerafft, die ihm entfallen. — Hinter den Löchern dieser Larve glotzt ein Armensündergesicht so gut als eines —

Barère. Ich entziehe Tallien das Wort!

Robespierre (der ihn schon lange mit strengen Blicken zum Einschreiten aufgefordert) Endlich!

Tallien (ohne darauf zu achten — Robespierre bei Seite schiebend) Seht ihr, mit einem Ellbogen dränge ich ihn weg — er ist wahrhaftig kein Standbild von Erz oder Marmor — er ist ein Mann von Fleisch und Blut — was sag' ich? ein Männchen — Seht, so ohnmächtig sind die Gewaltigen, wenn man ihnen etwas näher auf den Leib rückt! — Nichts leichter als einen Tyrannen zu stürzen. Jeder vermags, Jeder will's, nur der Erste zu sein hat Keiner den Muth — wohlan! er ist gefunden, der Erste! — Vorwärts! Gebrochen ist der Bann — der Rest ist Kinderspiel —

Robespierre (der bisher seine ruhige Haltung bewahrt) Präsident, wer hat das Wort?

Barère. Du, Robespierre!

Robespierre. Ich habe das Wort, Tallien!

Tallien. Du hast es lange genug gehabt, Tyrann!

Robespierre (gemessen.) Volksvertreter, wer hat das Wort?

Stimmen. Robespierre! Andere: Tallien! Tallien! (Robespierre wirft einen Blick des Erstaunens und des aufwallenden Zornes auf die Versammlung und will Tallien bei Seite drängen; dieser zückt neuerdings den Dolch auf ihn.)

St. Just (eilt zur Tribüne, seinen Degen entblößend) Nichtswürdiger Schwätzer, hinweg! Das Wort, Barère! ich will ergänzen, was Robespierre gesagt!

Tallien. Die Dictatur, Verräther, die Dictatur willst du beantragen! (St. Just zückt den Dolch auf ihn. Rufe: „Zur Ordnung! zur Ordnung!" Der Präsident läutet.)

Robespierre (entreißt St. Just den Dolch, gleichzeitig zieht Tallien aus der Brust St. Justs eine Papierrolle.)

Tallien (die Rolle entfaltend) Die Proscriptionsliste! — Ich der Erste! — haha! — Collot d'Herbois, du bist der Nächste nach mir!

St. Just (will sich neuerdings auf Tallien stürzen.)

Robespierre (hält ihn zurück) Keine Gewalt, St. Just!

St. Just (unmuthig den Degen in die Scheide stoßend) Pedanterei bis zum letzten Augenblick! (er verläßt die Tribune.)

Tallien (fährt fort) Der Dritte ist Bourdon — dann folgt Vadier — dann — wer nicht? Der halbe Convent steht auf der Liste! (Sensation und Entrüstung.)

Robespierre (seine Ruhe bewahrend) Wie lange hat der Convent noch ein Ohr für das Geschwätz des Verrückten?

Tallien. Wer je ein Wort gegen Robespierre unter Freunden gesprochen, der wisse, daß er auf dieser Rolle steht! — Aber es thut nichts. Nur Muth! Nein — nicht einmal das — Ich sag' euch ja, er kann keinem Menschenkinde mehr schaden — nur als Gefangener, oder todt verläßt er dies Haus!

Robespierre. Steh' ich unter den Vertretern des Volks von Frankreich, oder vor dem Publikum einer Gauklerbude, das sich ergötzt an einem plumpen Possenspiel? — Oder ists ein Fiebertraum, der mein Gehirn verwirrt?

Tallien. Allerdings — ein Traum, aus welchem du nicht mehr erwachen wirst in diesem Leben! — Ich schwöre euch, sein Kopf rollt unter dem Beil der Guillotine so leicht weg als ein anderer — — Habt ihr nicht davon gehört, welche Reden gefallen sind im Salon der Marquise von St. Amaranthe? Da ließ im Kreise der Aristokraten unser Robespierre sich huldigen als Dictator von Frankreich! Nur müsse, sprach er, vorher noch der halbe Convent in den Sack niesen —

Robespierre (lächelt verachtungsvoll.)

Couthon. Du lügst unverschämt, Tallien!

Tallien. Dictator von Frankreich, und der halbe Convent auf der Liste — das war die Parole, sag' ich euch. — Collot, hast du gehört? Du bist der Zweite in dieser Rolle —

Collot. Gestern sah ich den Mann dort (auf Robespierre deutend) Krokodilsthränen weinen im Jakobinerclub über die „Tücke seiner Gegner", hört' ihn so lange die Bethörten stacheln, bis sie ihn aufforderten, zu handeln, den Convent zu sprengen — ich stand im Hintergrund — hörte, wie sie den Convent verwünschten, den Wohlfahrtsausschuß — plötzlich wurden die Aergsten der fanatischen Rotte meiner gewahr — mit Fingern wiesen sie auf mich — ich wollte reden — wildes Geschrei übertäubte meine Stimme — Messer wurden über meinem Haupte gezückt — mit genauer Noth entrann' ich —

Tallien. Hört ihr's? Offener Kampf! was wollt ihr mehr? — Bourdon, du bist auf der Liste der Dritte —

Bourdon. Ich wußt' es. Seit Monaten verfolgten mich die Spione Robespierres — bis an die Wirthstafel, an welcher ich speis'te — bis ins Haus meiner Verlobten —

Tallien. Dionys von Syracus war nicht besser bedient. Man traute hier in Paris seinem eigenen Schatten nicht mehr — er konnte ein Spion sein im Dienste Robespierres.

Robespierre (ernst und gemessen) Präsident, ich fordere dich zum letzten Mal auf, thu' deine Pflicht!

Barère. Ich frage die Versammlung: Wer soll sprechen?

Einzelne Stimmen. Robespierre!

Die Mehrzahl. Tallien! Tallien!

Tallien. Hörst du? — Vadier, du bist der Vierte!

Vadier. Doch nicht der Letzte? — Soll ich euch sagen,

wie Robespierre dachte vom Convent? Als die Rede davon war, zwanzig gute Köpfe aus dem Convent in die Provinzen zu schicken, da hört' ich ihn klagen: wo find' ich die zwanzig im Convent? Was einen Kopf hatte, das ist geköpft — der Rest hat keinen zu verlieren!" Und nun verschmäht er sie doch nicht, unsere Köpfe? (Entrüstung. Rufe: „Nieder mit Robespierre!")

Tallien. O, er hat die Menschen verachtet, wie kein Tiberius, kein Caligula vor ihm! — Blick' nicht nach der Thüre, Robespierre, sie ist mit keinem Erretter für dich trächtig!

Stimmen. Nieder mit Robespierre!

Tallien. Hörst du? die Aussichten für dein Leben vermehren sich — es ist wenig Gefahr, daß du todt diese Räume verlassest — du wirst sie als Angeklagter verlassen —

Robespierre (wendet sich von der Tribune aus ein paar Stufen aufwärts zu den Männern des „Berges") Alte Kampfgenossen, warum verstummt ihr?

Stimmen der Männer vom Berge. Du hast dich verbündet mit dem Aberglauben! — Du hast dich mit der Wahrsagerin im Kreise der Aristokraten eingelassen! — du bist nicht mehr Einer der Unsern! —

Robespierre (mit spöttisch-mitleidigem Lächeln sich auf einen Sitz niederlassend) O Thorheit! O Verblendung!

Stimmen. Hinweg! an dieser Stelle saß Danton!

Robespierre (bitter lächelnd) Warum habt ihr ihn nicht vertheidigt, da er lebte? (er erhebt sich und schreitet einige Stufen hinunter zur „Ebene" — Tallien mit dem Dolch immer in seiner Nähe) Männer der Ebene! Ihr habt vielleicht würdigen gelernt in dieser letzten Zeit, was Robespierre erstrebte —

Stimmen der Männer von der Ebene. Blut klebt an deinen Händen, Robespierre! weiche von uns!

Robespierre. O Stumpfsinn! o Armseligkeit des Menschengeschlechtes! (er läßt sich auf einen nahen Sitz nieder.)

Stimmen. Hinweg! hier saß Vergniaud, das beredte Haupt der Girondisten!

Robespierre (erhebt sich schaudernd) Der Verräther!

Stimmen. Du schauderst?

Robespierre. Nicht vor den Gespenstern derjenigen, die ich als Lebende nicht gefürchtet! Ihr aber seht zu, daß ihr einst den Schauder bezwingt vor der Stelle, wo Robespierre gesessen unter euch! (unheimliche Pause. — Robespierre besteigt neuerdings die Tribune.) Ich verlange das Wort zur Vertheidigung, wie es selbst Marat nicht versagt wurde —

Tallien. Wollt ihr ihn zu Worte kommen lassen?

Wüstes Geschrei. Nein! Nein! Nieder mit Robespierre!

Robespierre (aufbrausend, mit vor Erregung kreischender Stimme) Präsident von Straßenräubern! das Wort! das Wort!

Tallien (mit ruhigem Spott) Schone dich, Robespierre! du bist **heiser — heiser wie Danton — Nemesis!** —

Robespierre (leidenschaftlich erregt) Nicht so heiser, um nicht zu sagen, daß ich euch Alle verachte!

Tallien. Wir wissen's. Aber die Zeit ist um, wo deine zornig gehobene Braue ein aufgezogenes Guillotinenmesser bedeutete! Ich fordere den Präsidenten auf, abstimmen zu lassen über den Antrag: daß Robespierre sofort verhaftet und in Anklagestand versetzt werde wegen Conspiration gegen den Bestand der Republik! — Was zögerst du, Präsident? Etwa in Folge der „vortrefflichen Harmonie", die, wie du versichert hast, zwischen dem Wohlfahrtsausschuß und Robespierre besteht?

Barère (eingeschüchtert) Ich besinne mich keinen Augenblick, den wohlbegründeten Antrag zur Abstimmung zu bringen. Ich läugne gar nicht, daß Robespierre im Wohlfahrtsausschuß wie im Convent eine nicht wohl berechtigte Präpotenz ausgeübt hat. Ich befinde mich in diesem Punkte mit dem Hause in völligem Einklang —

Couthon. Mann des völligen Einklangs! nimm lieber die Rede aus der Tasche, die du heute zu halten gedachtest zu Gunsten Robespierre's — bevor du nämlich noch wußtest, daß der politische Wind nicht immer gerade aus fährt wie eine Flintenkugel, sondern manchmal verdammt plötzlich um die Ecke springt —

St. Just (zu Barère) tretend. Robespierre angeklagt? Hier meinen Degen, Präsident! ich theile sein Schicksal.

Tallien. Natürlich: Robespierre, St. Just, Couthon — die heilige Dreifaltigkeit der Guillotine — das Triumvirat, das über unsere Leichen hin Frankreichs Thron zu besteigen gedachte —

Couthon (mit ironischem Lächeln auf seine lahmen Beine deutend) Einen Thron besteigen — mit d i e s e n Beinen?

Barère. Ich fordere die Versammlung auf, über die Annahme des Antrages Talliens durch Erheben von den Sitzen abzustimmen! (der ganze Convent erhebt sich) Mit Einhelligkeit! Der Anklage- und Verhaftbeschluß gegen Robespierre, St. Just und Couthon wegen Conspiration gegen den Bestand der Republik ist also gefaßt.

Geschrei: Es lebe die Republik!

Robespierre (bitter lachend) Die Republik? Sie ist verloren mit dem heutigen Tage!

Geschrei: Nieder mit dem Tyrannen!

Robespierre (neuerdings höhnisch auflachend) „Mit dem Tyrannen!" Wär' ich Tyrann, so wär' ich gekommen an der Spitze des bewaffneten Volkes — hätte gethan wie Cromwell — und zu meinen Füßen würden, die jetzt hier wider mich bellen, sich schmiegen! — Gestern war ich euch der

Unbestechliche, der Gerechte, der Große, der Genius Frankreichs — heut bin ich euch ein Verbrecher! Ihr aber, hört, ihr seid mir heute wie gestern dieselben: armselige Wetterfahnen, Spielbälle vor dem Hauche des Augenblicks —

Geschrei: Nieder mit Robespierre!

Robespierre. Ihr verurtheilt mich zum Tode — ich euch zur Knechtschaft für ein neues Jahrhundert! —

Verstärktes Geschrei: Nieder mit Robespierre!

Robespierre. Die Ferse der Könige wird sich stemmen auf euern gebeugten Nacken —

Allgemeines Toben und Lärmen: Nieder mit Robespierre!

Robespierre. Ich verachte euch — aber ich achte das Princip, auf Grund dessen ihr mich zur Rechenschaft zieht — es ist das Princip, für das ich gelebt und gekämpft! — Ihr stellt mich vor die Richter — wohlan! Vor diesen werde ich das Wort zu gelassener Vertheidigung zurückhalten, das Ihr mir hier entzogen habt! Ich achte euren Spruch! Büttel des Convents, thut, was eures Amtes ist!

Couthon (mit schneidender Ironie) Büttel des Convents, geduldet euch noch eine Weile! Wer weiß, was die Vertreter des souveränen Volks noch zu beschließen finden! Was haben sie heut nicht schon Alles beschlossen! Erst dekretirte diese ehrenwerthe Versammlung den Druck und die Versendung der Rede Robespierres — hierauf dekretirte dieselbe ehrenwerthe Versammlung die Verhaftung und Anklage desselben Robespierre — das Eine wie das Andere, weil sich eben für Jedes Einer fand, der es vorschlug — wäre die Ernennung desselben Robespierre zum Dictator beantragt worden, so hätte ebenderselbe Convent die

Ernennung eben desselben Robespierre zum Dictator dekretirt —

Geschrei. Nieder mit Couthon!

Couthon. Nun, nun, gönnt doch einem geschwätzigen alten Manne die paar Worte — 's ist ja keine Gefahr mehr dabei — Ai, ai, meine Beine! sie rumoren doppelt, seit mein altes Liebchen, die Feiheit, eine blödsinnige Metze geworden, die Jedem ein Ja zunickt! — Hi, hi! Sie ist zum Todlachen, liebe Freunde, diese republikanische Abstimmungsposse, dieses Majoritätenkegelspiel! Ai! ai! ich kann nicht mehr lachen, wie ich wollte — Liebe Büttel, tragt doch den alten Couthon lieber ohne Weiteres in's Gefängniß! — So kommt doch, faßt ihn an, den alten lahmen Couthon; ihr seht ja, daß seine Beine so schwach geworden sind, wie die der Republik!

Barère. Gens d'armes, ergreift die Angeklagten und führt sie in die Conciergerie! (Die Gens d'armes zögern, auf Robespierre zuzugehen.)

Robespierre (ihnen zuherrschend) Habt ihr gehört? Gehorsam dem Gesetz! Thut eure Pflicht! (sie geben auf ihn zu, nehmen ihn sowie St. Just in die Mitte, während Andere sich anschicken, Couthon hinweg zu tragen.)

St. Just. Fürchtest du nicht das Volk, Tallien?

Tallein. Nein, St. Just! Robespierre hat uns bei der Beseitigung der Dantonisten gezeigt, wie solche Proceduren rasch und sicher auszuführen sind —

St. Just. Nachahmer sind meist un glücklich, Tallien! — Vorwärts! (zu den Bütteln) Ihr bringt uns, indem Ihr uns aus diesen Räumen führt, von unsern Feinden weg zu unsern Freunden! — Euer Urtheilsspruch, Volksvertreter, wird auf dem Thurme des Stadthauses ein antwortendes Donner-Echo finden, das euch vielleicht erschreckt! — Hurrah!

ein Ende hat das Wortgefecht — es kommt nun endlich zur Entscheidung mit dem Degen in der Faust!

Tallien. Keine Furcht, Freunde! (zu den Bütteln) Durch verschwiegene Gassen! Vorwärts!

St. Just (im Abgehen) Es lebe Robespierre!

Der Convent. Hoch Tallien! (Alle ab.)

Zweite Scene.

(Straße, in der Nähe des Stadthauses. Zwei bewaffnete National=
gardisten treten auf.)

Erster Nationalgardist. Was? in der grünen Kalesche, von Bewaffneten escortirt?

Zweiter. In eben der und in keiner andern.

Erster. Potz Blitz! Darum also das Sturmläuten auf dem Stadthaus? Ich saß eben eingeseift zum Rasiren auf dem Stuhl, da ging der erste Alarmschuß los, und mein Barbier schnitt mir vor Schreck die halbe Nasenspitze weg — Nun hilft nichts, man muß dem Signal gehorchen und als braver Nationalgardist sein Gewehr über die Schulter nehmen, obwohl meine Frau meinte ...

Zweiter. Kommt nur schnell, Gevatter! Henriot ver= steht keinen Spaß. (Beide ab. — Die beiden Royalisten tre= ten auf.)

Erster Royalist. Holla! Die Sectionen der National= garde treten unter die Waffen —

Zweiter Royalist. Nationalgarde! Gevatter Schneider und Handschuhmacher! Haben die Jacobinermütze über die gute alte Zipfelschlafmütze gestülpt —

(Sansculotten kommen eilig, darunter der aus dem ersten Act be= kannte.)

Erster Sansculotte (der bekannte) Alle Millionen Teufel! ihr ließt die Kalesche vorbei? — Auf die Beine, Volk von Paris! (Mehr Volkes eilt herbei.)

Ein zweiter Sansculotte. Die Glocke auf dem Stadthause läutet Sturm!

Ein Dritter. Dort sitzt seit frühem Morgen Henriot mit seinen Adjutanten —

Ein Vierter. Nein, er l i e g t — und zwar hinter dem Tische — hab' ihn selber gesehen —

Der Vorige. Nichts hast du gesehen. Als ein Kerl vom Convent kam mit den verfluchten Nevigkeiten, da kroch er hervor, zog sein Schwert, wetternd und fluchend, schrie nach seinem Gaul, saß auf, und — hui! — da ist er ja! (in die Scene blickend, von woher man Trommelwirbel vernimmt) Ein bischen schwank im Sattel, aber schneidig wie ein Donnerkeil!

Henriot (im Vorbeireiten, mit Sansculottengefolg) Angeschlossen, wer keine Memme ist! Alle Wetter! Verdammte Kerle, was gafft ihr? Angeschlossen, sag' ich! Tod den verfluchten Hunden im Convent!

Erster Sansculotte. Versteht sich von selbst, Commandant! Angeschlossen!

Volk. Es lebe Robespierre! (schließen sich an.)

Erster Royalist. Hei, das fegt ja hin wie der Wind —

Zweiter Royalist. Ja, wie der Wind. Aber Wind ist Wind.

Erster Royalist. Wie meint ihr das?

Zweiter Royalist. Ich meine, es ist eine Müdigkeit im Volk, ohne daß es selber davon weiß. Unversehens werden ihm die Kniee einknicken.

Ein halbbetrunkener Proletarier (mit Andern auftretend) Heissa! Langfinger, Taschendiebe, Beutelschneider! Leute, die gern fünf Finger in ihres Nächsten Tasche stecken und eine Faust wieder herausziehen — wißt ihr, was es Neues gibt?

Die Andern. Nun, was ist's?

Der Vorige. Stehlt, mordet, sengt, plündert, thut was

euch gefällt! Es ist kein Kerkermeister in ganz Paris, der euch nicht seine Kerkerthür vor der Nase zuwirft, wenn euch die Gensd'armes bei ihm aufführen wollen — ha, ha, ha!

Volk. So rede doch —

Der Vorige. Ein solcher Spaß ist in der Welt nicht dagewesen! Robespierre und seine Gesellen — wißt ihr —

Volk (ungeduldig) Sitzen hinter Schloß und Riegel — weiter!

Der Vorige. Meint ihr? Ja, prost die Malzeit! Kein Kerkermeister hat sie aufgenommen in ganz Paris —

Volk. Was Teufel?

Der Vorige. Der Stadtrath hat es ihnen verboten — bei Todesstrafe — hahaha! Kerkermeister, die einen Gefangenen nicht aufnehmen — hat man das erhört? heissa! (thut einen Schluck aus einer Branntweinflasche) eine lustige Zeit! es lebe die Republik! (ein Triumphgeschrei wird aus der Ferne hörbar.)

Neue Ankömmlinge (auf die Bühne stürzend) Hurrah! es lebe Robespierre!

Volk. Was gibts?

Die Neuangekommenen. Robespierre befreit! Auf das Stadthaus gebracht in Triumph!

Volk. Hoch Robespierre! — Nun bricht es los —

Neuer Ankömmling (hastig herbeieilend) Verwünschter Kerl, der tolle Henriot!

Volk. Nun?

Der Vorige. Mit einem halben Dutzend Kanoniere das Conventshaus stürmen und sämmtliche Deputirte ohne Ausnahme in die Pfanne hauen, schien ihm so leicht, wie eine Flasche Burgunder ausstechen. Halb rissen ihn seine eigenen Kerle vom Gaul, weil der Trunkenbold ihnen mit seiner Klinge scheltend um die Köpfe schlug, halb fiel er von selbst herunter. In einem Nebengemach des Convents schnarcht er nun als Gefangener seinen Nebel aus —

Ein Neuankommender. Mensch, was du sagst, ist nicht mehr die Wahrheit — auch Henriot schon wieder befreit — liegt und schnarcht zu dieser Frist auf dem Stadthaus als ein freier Mann — mitten unter den Seinen —

Volk. Desto besser! Ça ira! Alle für Robespierre! Nieder mit dem Convent!

Die Eleven der militärischen Schule (kommen bewaffnet, die Marseillaise singend)

„Auf, Vaterlandessöhne,

Gekommen ist der Tag des Ruhms" —

Volk. Da seht — die braven Eleven der militärischen Schule — feuriges junges Franzosenblut — Es lebe Robespierre!

Die Eleven. Er lebe!

Volk. Seid ihr für ihn?

Die Eleven. Wir wollen zeigen, daß wir den Degen zu führen wissen. Stehn wir noch nicht im Felde gegen die äußern Feinde der Republik, so wollen wir doch auch in Paris nicht müßig lungern!

Volk. Es lebe die tapfere Jugend Frankreichs!

Der Stelzfuß (kommt heftig mit Andern) Franzosen! Hurrah! Siegesbotschaften! zwei glänzende Siegesbotschaften auf einmal!

Volk. Was ist's?

Der Stelzfuß. Jourdan hat Lieges, Pichegru hat Antwerpen genommen! Der brave junge General Bonaparte ist Bringer dieser Freudenbotschaft an den Convent —

Rufe hinter der Scene: Es lebe die Armee!

Stelzfuß. Hört ihr? Der Siegesbote wird vom Volk in allen Straßen bejubelt!

Die Eleven. Der junge General Bonaparte? Den müssen wir sehen!

Volk. Wir auch!

Die Eleven (abziehend)

„Auf Vaterlandessöhne,

Gekommen ist der Tag des Ruhms!"

Volk (einstimmend) „Gekommen ist der Tag des Ruhms" — (Alles strömt mit fort, bis auf die beiden Royalisten.)

Erster Royalist. „Gekommen ist der Tag des Ruhms" — Des Ruhms mit Epauletten und Federhut —

Zweiter. Alle Wetter! War mir's doch, als hätten die Bursche soeben kämpfen wollen für Robespierre —

Erster. Ja, seht ihr, darauf haben sie nun in der Eile vergessen — — Kommt! (beide ab.)

Dritte Scene.

(Im großen Hauptsaale des Stadthauses. Robespierre, St. Just, Couthon. Viele Räthe der Comune und sonstige Anhänger Robespierres. In einer Ecke der trunkene Henriot auf einem Ruhebette schlummernd.

Die Räthe und andern Anhänger Robespierres um diesen gruppirt, der in schweigendes Brüten versunken dasitzt.)

Einer derselben. Robespierre, wenn deine Feinde dir in diesem Augenblick den Giftbecher reichten, ich tränke ihn mit dir!

Ein Abgesandter des Jacobinerclubs (tritt ein) Gruß und Huldigung entbietet durch mich der Jacobinerclub dem befreiten Robespierre —

Robespierre (aufblickend ohne aufzustehen) Und das Volk?

Abgesandter. Der rührige Convent verwirrt viele Gemüther — Die Reactionäre, die Aristokraten schaaren sich zu ihm —

Robespierre. Und das Volk?

Abgesandter. Die Nationalgarde ist unschlüssig —

Robespierre. Das Volk? Das Volk?

Abgesandter. Läuft den Generalen nach, die von der Armee in Paris eingetroffen — bethört, berauscht ists für den Moment durch die neuen Siegesnachrichten — Aber ein kräftiges Wort kann Alles wieder unter deine Fahne versammeln. Stelle dich an die Spitze des Aufruhrs! Brauche Gewalt! reiß' die Dictatur an dich! Hier ein Proclam ans Volk — Unterzeichne, Robespierre!

Die Räthe und Anhänger. Unterzeichne, Robespierre!

St. Just. Unterzeichne, Robespierre!

Couthon. Unterzeichne, Robespierre! (Pause)

Robespierre (eine Zeitlang in düsteres Schweigen versunken, erhebt sich zuletzt, ergreift das Papier und wirft einen Blick darauf, lesend) „Volk von Paris! Ich stelle mich als Dictator an deine Spitze! Nieder mit dem Convent!" ... (eine Weile vor sich hinstarrend, dann für sich sprechend) „Sei treu dir selbst, treu bis zum letzten Hauch!" — (er zerreißt das Papier und kehrt auf seinen Platz zurück.)

St. Just. Dies deine Antwort?

Robespierre. Ja.

St. Just. So bleibt uns nichts, als zu sterben.

Robespierre. So ist es.

St. Just. Du selber verurtheilst uns zum Tode?

Couthon (lächelnd) Laß ihn — es ist eine alte Gewohnheit von ihm — er muß doch wieder ein Todesurtheil sprechen —

Robespierre (bitter lächelnd) Es ist das letzte, das ich spreche. Denn ich spreche es zugleich mir selbst. Ich sagte im Convent, daß Frankreich mich zum Tode, ich Frankreich zu erneuter Königsherrschaft, zu erneuter Knechtschaft verdamme. Das ist nicht ganz genau. Ich sage jetzt: Frankreich verdammt sich selbst zur Knechtschaft, ich zum Tode mich selbst!

St. Just. Wofür?

Robespierre. Für den unseligen Irrthum, dem ich das Blut von Tausenden geopfert: den Irrthum, das französische Volk brauche, wolle, verlange, liebe die Freiheit, die Republik über Alles — Wie? Dies französische Volk dünkt sich ein Volk von Freiheitshelden zu sein? Wie lange? Das Ursprüngliche seines Wesens schlägt immer wieder durch! Ein Volk von Prätorianern ists — gebt ihm einen Imperator mit dem Säbel in der Faust, und es wird sich jauchzend an seinen Triumphwagen spannen!

Der Abgesandte der Jakobiner. Sprich ein anderes Wort, Robespierre! Oder wäre dies dein letztes?

Robespierre. Mein letztes.

Der Abgesandte. Fahre wohl, Robespierre! (ab)

Ein Theil der Räthe und Anhänger. Dem Volk ists unverwehrt zu kämpfen. Kommt, wir wollen handeln **für Robespierre, auch ohne Robespierre**! (ab)

Ein Bote. Die bewaffnete Macht des Convents rückt heran —

Ein anderer Theil der Räthe und Anhänger. (achselzuckend) Laßt sehen, was etwa noch zu thun ist — (entfernen sich)

Zweiter Bote. Die Nationalgarde, dem Kampf abhold, ist den Einflüsterungen der Conventsmitglieder gefolgt —

Wieder ein Theil der Räthe und Anhänger. Die Sache gewinnt ein bedenkliches Ansehen — (gehen ab.)

Dritter Bote. Das Häuflein der treuen Sansculotten schmilzt zusammen — sie vermissen Henriot —

Die noch zurückgebliebenen Räthe und Anhänger. Wie wär's, Robespierre, wenn du dich in Sicherheit zu bringen suchtest? Das Stadthaus ist nicht zu halten gegen die Uebermacht — der Weg zur Flucht ist noch offen —

Robespierre. Noch offen — geht nur voran — ich folge — (Jene ab.)

Robespierre (in Brüten versinkend) Die Generale der Armee mit Jubel durch die Straßen begleitet — in dem Augenblicke, wo es sich handelt um Sein oder Nichtsein der Republik! — — Danton, du siegst! —

St. Just. Robespierre, leb' wohl! ich gehe, mit diesem Dolch in der Hand mich an die Spitze der Sansculotten zu stellen —

Robespierre. Das wirst du nicht —

St. Just. Wie sollt' ich nicht?

Robespierre. Du bist mein Gefangener. Du bist zum Tode verurtheilt.

St. Just. Ich will ihn mir holen — im Kampf —

Robespierre. Es gibt nichts mehr zu kämpfen, St. Just! Wir haben ausgekämpft. Wir sind besiegt Wir sind gerichtet. Elende Schufte haben uns in's Gesicht gespieen Wir sind entehrt. Wir sind Ungeheuer, Tyrannen, Schensale, Vogelscheuchen für alle Folgezeit — Gib mir deinen Degen, St. Just! (mit Ironie) Keinen Tropfen mehr vergieße mir von diesem edlen französischen Blute, das sich aufspart für einen besseren Ehrgeiz — gib mir den Degen, St Just!

St. Just. Ist die Sache der Freiheit und der Republik unrettbar verloren?

Robespierre. Du siehst es! —

St. Just. (zerbricht seinen Degen.)

Robespierre. Ich sehe den Franzosen wie er ist, und ahne wie er sein wird immerdar! Von den Orgien der Freiheit wird er immer wieder zurück zu den Orgien des Despotismus taumeln: denn seiner Ziele höchstes bleibt des Ruhmes schwindelnde Befriedigung, und wer diese ihm bietet, dem wird er dienen als Sclave! Frei sein will er, ja! doch lieber noch, als frei sein, will er glänzen, siegen, erobern! — O mein Volk! nicht früher wirst du dauernd frei, bis das Geschick dich dauernd erst e r n i e d r i g t — bis geheilt du bist vom maßlosen Fieber der Ehrbegier in deiner Brust! — Ein Soldatenvolk zu einem Volk von Bürgern machen wollt' ich — erstrebt' ich — mit dem blutigen Richtschwert in der Hand! Ja, mit dem S ch w e r t — dem S ch w e r t — Ei, Robespierre, warst du, mit diesem Werkzeug in der Faust, nicht s e l b s t zu sehr S o l d a t, zu sehr F r a n z o s e? — —

(nach einer Pause)

Freunde, die Guillotine ist eine Erfindung, die sich nicht bewährt hat. Sie hat das Unvermeidliche nicht aufhalten können (wie im Fieber vor sich hinstarrend) Alle die Köpfe, die ich abgeschlagen für die große Idee, sie kommen taumelnd und tänzelnd heran, und grinsen hohnlachend mir in's Gesicht, und blinzeln spöttisch mit den Augenlidern über den kalten, todten, weißen Augensternen — — (wie erwachend, zu St. Just und Couthon) Ihr noch da? warum entweicht ihr nicht wie die Andern? Der Weg ist noch offen — Ach, ja! wir sind die „Unzertrennlichen!" Gut, gut! reicht mir die Hand! (ergreift die Hände der Beiden) Wir drei, wir träumten von einer erhabenen Sendung — hahaha! Sie bestand nur darin, dem französischen Volke tüchtig zur Ader zu lassen, damit sein übermäßiges Feuer verdampfe, und es wieder matt und schlaff genug werde, sich gemach in alte Bahnen zurück lenken zu lassen. So bleibt uns denn wirklich nichts mehr als sterben, Freunde; s t e r b e n — sterben — fühlt ihr, Freunde, welch' ein geheimer Wollustschauer dies Wort umwittert? — Hinabtauchen zu dürfen aus dem wüsten Getümmel in die reine tiefe Stille — — abwaschen zu dürfen im eig'nen Blut die klebende, brennende Makel des fremden —

Couthon. Ist die Zeit der Ruhe gekommen? Nun, ich habe nichts dagegen zu sagen. Hoffe vom Jenseits bessere Beine, als diese da, welche durch Dick und Dünn mit dir gingen! — Wirklich nichts mehr zu machen, wackerer Freund und Bruder Robespierre?

Robespierre. Nein, Couthon! Verraucht ist der Enthusiasmus der Revolution — die Geister sind matt und abgestanden — ihr bischen Trieb- und Thatkraft ist aufgezehrt — nun trägt und wiegt sie der Wind wie ausgekernte Hülsen — schlaff und müd —

Couthon. Uns auch, Bruder Robespierre! Auch du mußt müde sein, Robespierre, entsetzlich müd — ungefähr wie Einer, der eben einen langen starken Anfall von Veitstanz überstanden — Du hast noch lange nicht genug Phlegma gehabt. Aber um den lockigen, lebensfrischen Brausekopf St. Just ist's beinah' schade — Wie wär's, Robespierre, wenn du den braven Jungen doch entwischen ließest?

Robespierre. O mein St. Just! — Nannten sie dich nicht den Johannes, den Lieblingsjünger des blutigen Messias der Revolution? — (ironisch) O geh' doch hin und steig' zu Rosse — und werd' ein berühmter General —

St. Just. Unter einem Banner, das besudelt ist vom Blute des größten, des letzten Republikaners? Du spottest, Robespierre!

Robespierre. Du nimmst's für Spott? Ich danke dir! — So komm' denn mit hinab, junger Freund, komm' mit uns hinab in die kühle, stille, allversöhnende Nacht ..

St. Just. Gern! — Ein Leben, Couthon, das zwecklos

geworden, muß der Jugend noch mehr als dem Alter zur Last sein.

Couthon. Schon gut, schon gut — wie dir's gefällt, mein süßer Junge! wie dir's gefällt —

Robespierre. Wir sind allein — allein — ich glaube, wir waren es im Grunde schon, als noch Hunderttausende hinter uns standen. Wo sind sie nun, die Hunderttausende? O Woge der Menschheit, wer berechnet deine Brandungen?

Couthon. Henriot ist uns geblieben —

Robespierre (bitter lächelnd) Henriot! Ja wohl! das ist von den Unsern der Treueste — der Letzte, der uns blieb! (sich zu dem Schlafenden wendend) Sein Rausch währt länger als der Enthusiasmus der Andern. Darum hielt er bei uns aus und lief nicht weg wie die Andern. O grausame, ungeheure Ironie des Geschicks! Der letzte Kämpe für das System der strengen republikanischen Tugend, für das System Robespierre's, den sie den Nüchternen nannten, ist dies epikuräische Thier, ist Henriot, der Trunkenbold! Armer Henriot! befreit haben sie dich, aber was nützt dir die Freiheit, wenn du betrunken bist, und nicht im Stande, ein Glied vernünftig zu regen?

Couthon. Bacchus und Venus rächen sich an uns. Ein verliebter Narr und ein Trunkenbold sind unser Verderben. Hätte Tallien sich nicht bezecht in seinen spanischen Weinen, und Henriot einen nüchternen Morgen gehabt, so wäre der 9. Thermidor anders ausgefallen. Die Republik ersäuft in ein paar gefüllten Weinflaschen —

Robespierre. Die alten Erbsünden triumphiren über Tugend und Schrecken. — O Danton! — Ich glaube, er hatte manchmal Recht —

Couthon. Ein Dummkopf war er nicht. Er fand unser

Pathos lächerlich. Er verstand zu leben, so lang es ging —

St. Just. Und auch zu sterben. Darin darf er uns nicht beschämen! — Tod noch dem, der uns trennen will! Wir sterben zusammen —

Couthon. Mit Henriot?

St. Just. Der macht den Klee nicht in der besten Weise vierblätterig —

Robespierre (ernst) Wirf ihn durch's Fenster, St. Just, auf den Kehrichthaufen, der im Hofe liegt, sobald es zum Aeußersten kommt! — — (nach einer Pause) Es ist jetzt so eigenthümlich still um uns — tiefe Ruhe herrscht in den weiten Sälen und Gängen und Höfen — wir scheinen s e h r allein im Stadthause zu sein — wir sitzen hier wie K l a u s n e r, die abgeschlossen haben mit der Welt. Wir gehören nach langen Stürmen wieder einmal uns selbst an. Wir dürfen wieder M e n s c h e n sein, statt blutbesudelte Kämpfer. Still — nichts von Blut — erinnere mich Keiner daran! Ah — die Ruh' ist wahrlich süß — so ohne Wunsch und Streben — Alles ausgelöscht im Herzen — mir ist, als läg' ich im grünen Wald und sähe zwischen den Baumwipfeln, die sich im Winde wiegen, zum blauen Himmel empor — wie ich es that als Knabe, da ich noch die Tauben so liebte, und kein Blut, keinen Tropfen Blut sehen konnte, hahaha! Ich besaß ein schönes Vogelhaus, das zeigte ich, wenn ich gut gelaunt war, meinen Schwestern, und gab ihnen meine Tauben und meine Sperlinge in die Hand. Sie wünschten sehnlichst, ich möchte ihnen einen meiner Lieblingsvögel schenken; lange Zeit weigerte ich mich, aus Furcht, sie möchten nicht alle mögliche Sorge auf das Thierchen wenden. Eines Tages gab ich ihren Bitten nach und schenkte ihnen eine schöne Taube. Die Mädchen waren entzückt; ich nahm ihnen das Versprechen ab, es ihr niemals an Etwas fehlen zu lassen; sie schwuren mir's zu tausend Malen; aber, wie Mädchen einmal sind, nach ein paar Tagen ließen sie die Taube aus Vergeßlichkeit im Garten, so daß sie während der stürmischen Nacht um's Leben kam. Ich vergoß darüber Tage lang die bittersten Thränen -- ich glaube, es waren zufällig auch die letzten, die ich weinte — es mögen jetzt wohl so ungefähr . . .

Couthon. Horch, donnerähnliches Gepoch an's Thor --

St. Just. Gewehrkolbengerassel auf dem Steinpflaster des Vorsaals —

Robespierre. Ruhe, meine Freunde! -- (Die große Mittelthür des Saals wird mit einem donnernden Schlage geöffnet — bei dem Getöse erwacht Henriot, und taumelt empor den an der Schwelle erscheinenden Soldaten entgegen, den Säbel aus der Scheide reißend, mit dem Ruf: „Wer da? verfluchte Hunde vom Convent?")

Anführer der Soldaten. Widerstand? Feuert! (Schüsse fallen, einer davon verwundet Robespierre am Haupte; dieser schwankt und sinkt langsam zu Boden.)

St. Just (zornig aufwallend gegen Henriot) Elender! (er faßt den Taumelnden, schleppt ihn durch die offene Thür des Balkens hinaus, und schleudert ihn über die Brüstung in den Hofraum hinab.)

Couthon (zu den Soldaten) Tröpfe — steckt eure Schwerter in die Scheide —

St. Just (wendet sich zu Robespierre) Nicht todt — er athmet —

Der Anführer der Soldaten. Desto besser (zu den Seinen) Haltet Wache! ich will geh'n und eine Tragbahre herbeischaffen. (ab.)

St. Just (Robespierres Blut trocknend und sein Taschentuch als Verband um seine Stirn windend, während das Haupt des Bewußtlosen, Ohnmächtigen, auf seiner Brust ruht) Sie nannten mich den Johannes, den Lieblingsjünger des blutigen Messias der Revolution — Nun liegt das Haupt des Meisters blutend und todwund am Busen des Jüngers — (die Tragbahre wird gebracht.)

Anführer. Noch nicht zurückgekehrt zur Besinnung? Angefaßt und auf die Bahre gehoben! (es geschieht) Wache gehalten, bis ich zurück bin! Es fragt sich, in welches Gefängniß der Convent die drei Männer gebracht haben will (ab.)

Volk (dringt herein um Robespierre zu sehen, der bewußtlos ausgestreckt auf der Tragbahre liegt: Soldaten, Bürger, Royalisten, auch einige Sansculotten) Da seht — da seht —

Soldaten. Zurück!

Volk. Ach, laßt doch — wir haben ja keine feindseligen Absichten — Seht einmal — er ist ja todt —

Einer aus der Menge (nach dem Puls Robespierre's fühlend) Nein, er lebt. Der Puls mag seine 140 Schläge in der Minute machen —

Zweiter. Ist das nicht dasselbe Gewand, das er beim Fest des höchsten Wesens trug?

Dritter. So ungefähr. Ich war derjenige, der damals gleich dachte, wie Alles mit ihm ein Ende nehmen würde.

Der Vorige. Was du dachtest, hörte ich nicht, sondern nur was du schrie'st — das war: Es lebe Robespierre!

Vierter (Robespierre's Brust befühlend) Alle Wetter! was ist denn das? Ich fühle da eine Waffe — ein Stilet — oder ist's eine Pistole?

Andere. Seht ihr's, er ging schon mit Pistolen bewaffnet in den Convent —

Stimmen (sich in den Hintergrund fortpflanzend) Bewaffnet? Hört ihr's? Bis an die Zähne bewaffnet!

Andere. Heraus damit! heraus mit den ruchlosen Waffen, mit welchen er das Blut der Bürger vergießen wollte —

Der Obige (einen Gegenstand hervorziehend) Ach, es ist doch nur eine Papierrolle —

Fünfter Gewiß die Reden, die er zunächst im Convent zu

halten gedachte (entfaltet die Rolle) Viel ausgekratzt und durchgestrichen — jeder Strich ein Mordspieß, jedes Punktum eine Bombe oder Granate, die platzen will —

Sechster. So hat er denn wirklich, wie man hört, den ganzen Convent in die Luft sprengen wollen?

Siebenter. Freilich. Und sich selber wollte er ausrufen lassen zum König von Frankreich. So viel ist bis jetzt constatirt worden. Unter der Matratze seiner Buhlerin, der Madame Theot, fand man den ganzen Plan

Achter. Wer hat ihn verwundet?

Neunter. Er sich selbst natürlich — der Feigling —

Einer der Soldaten. Die Kugel aus dieser Pistole that's! Méda heiß' ich, und bin stolz auf die That —

Der Vorige (zu seinen Nachbarn) Dergleichen könnte ein Jeder behaupten. Da Robespierre bekanntlich sehr feige war, und ein schlechter Mensch in jedem Betracht, so ist's viel wahrscheinlicher und klingt auch besser, daß er sich selbst in der Angst zu tödten versuchte —

Zehnter (Robespierres Stirn befühlend) Er liegt im stärksten Fieber — stockendes Blut besudelt seine glühende Stirn — seine Lippen sind trocken wie Leder — wie wär's, wenn man ihm doch ein wenig Essig mit einem Schwamme zur Erfrischung reichte? Er ist ja doch ein Mensch —

Eilfter (näselnd) Ein Mensch? ein Unmensch — ein Ungeheuer — ein Bluthund! — Soll nur dürsten — hat lange genug seinen Durst gestillt — mit B l u t —

Zwölfter. Einiges Gute mag man ihm doch lassen Er war, was man so sagt, tugendhaft und unbestechlich.

Dreizehnter. Mein lieber Muscadin! Ein Heuchler war er — that insgeheim mit seinen Spießgesellen sich gütlich —

Vierzehnter. Man darf nicht Alles glauben, was die Leute behaupten. Gewiß ist nur, das er im Concubinat lebte mit einer von den Töchtern seines Miethsherrn, des Tischlers Duplay) —

Fünfzehnter. Er war Alles in Allem ein Scheusal, und steckte voll von Tücke und Bosheit. Grundsätze besaß er nicht, sondern es ist klar, daß er dergleichen zu haben nur vorschützte Haß und Neid waren seine einzigen Triebfedern. Bloß aus Neid brachte er Danton und seine übrigen Nebenbuhler auf's Schaffot — (Neue Ankömmlinge nähern sich neugierig.)

Einer derselben. Ist's wahr, daß man eine Menge Stilette und Pistolen in seinen Kleidern fand?

Ein Zweiter. Und Papiere mit den ruchlosesten heimlichen Anschlägen?

Ein Dritter. Und daß er eben noch Einen niederstechen wollte, der ihm zu nahe kam?

Stimmen: Platz da! Platz! Tallien kommt mit andern Deputirten des Convents!

(Tallien und Andere treten auf.)

Volk. Es lebe Tallien!

Tallien. Es lebe die Republik! (tritt zu Robespierre hin, betrachtet ihn eine Zeit lang, und spricht dann mit theatralischem Pathos, seine Hand gegen ihn ausstreckend) An einen Tiger gemahnt er mich, der dahingestreckt liegt im Waldesgrunde mit durchschoß'ner Stirn! Niedergeworfen ist er endlich und mit ihm der Schrecken. Bist du nun unschädlich gemacht für alle Zeit, du blutiger Tyrann?

Robespierre (schlägt die Augen auf, aus seiner Betäubung erwachend, und richtet sich langsam mit halbem Leibe empor, Tallien starr anblickend, der betroffen zurückweicht) Knecht des Weibes, aufgestachelt zu flüchtiger Mannheit von buhlerischen Küssen, weiche von mir! Zu dir nicht will ich sprechen. Zum Volke von Frankreich, für das ich gekämpft, und das jetzt brennend Salz zum Dank in meine Wunden streut, zu ihm will ich sprechen mein letztes Wort. Schuldig bin ich — schuldig des Todes.

Unfehlbar erschien ich mir selbst, und darum berechtigt, durchzusetzen mit allen Mitteln, mit allen Waffen, was ich erstrebte — Wissend Theil zu haben an den Plänen der ewigen Mächte vermeint' ich — im Einklange mich wähnend mit ihnen, glaubt' ich unerbittlich sein zu dürfen wie sie, unerbittlich wie die Natur, wie das Element — Im Einklang auch mit deinem innersten Wesen und Streben wähnt' ich zu handeln, o Volk, und wußte nicht, daß eine tiefe Flut du bist, leicht erregt auf ihrer Oberfläche, ewig träg in ihrem Grund — ich nahm dein Blasenwerfen für Wellenschlag — auf Seifenblasen wollt' ich reiten! — Erhaben wähnt' ich mich über Alle durch Einsicht — ich war's, doch auch meine Weisheit war nicht viel mehr als eitel trotziger Menschenwahn, ein Moloch, dem ich Blutopfer brachte!

Das, o Volk, ist die Summe meiner Schuld. Aber statt zu höhnen mich, zu lästern, lerne begreifen menschliches Geschick aus meinem Loos — nachdenklich=bescheiden lerne verehren das unverrückbar Waltende — und nach innen wende eindringlich Jeder in sich selber den Blick: Wer nicht beladen sich fühlt in seiner Weise mit der gleichen Schuld wie ich, der trete hervor, nur der allein, und sei mein Richter! Ich irrte schwer, doch mit mir irrte die Zeit und die Mitwelt! Auf meinen Namen allein gehäuft ist nun die Schmach des allgemeinsamen Irrthums — Kommen wird, so fürcht ich, Geschlecht um Geschlecht und mich verdammen und doch keine Lehre ziehn für sich selbst aus dieser Verdammniß — ein Kampf mit allen Waffen wird auch künftig sein der Kampf der Parteien — Gewalt und Verläumdung und Lüge, sie werden das Rüstzeug bilden erträumter Unfehlbarkeit — unbewußt wird festhalten die Menschheit den Grundsatz, den bewußt sie ver=

abscheut: daß immer der Zweck kann heiligen die Mittel — Warum also ist so gewaltig vor mir, dem Einen, der Abscheu, warum so herbe der Urtheilsspruch? —

Lächeln würde ich eures Spruchs, wenn ich in bitt'rer Seelenqual ihn nicht spräche mir selbst, mich nicht freute der S ü h n e. Mächtig war ich, an meiner Braue hing lang das Geschick Frankreichs — blutend lieg' ich jetzt, verhöhnt, mit Schmach bedeckt auf dieser Bahre. Keinem Blicke der Liebe begegnet mein brechend' Aug — von mir wies ich sie ja, die Liebe, die Blumen streut auf die Pfade der Müssigen — hingegeben mit jeder Fiber meines Wesens dem Einen großen Zweck, ließ ich verdorren, verhärten was menschlich in mir war zu wilder starrer Energie, und ihr habt Recht, kein Mensch, ein U n mensch war ich — So sterb' ich einsam jetzt — gleichgültige Gedankenlosigkeit grinst mir entgegen, wo nicht der Haß die Zähne fletscht — Verkennung windet ihre Dornenkrone um mein blutend Haupt — Wohlan! ich beuge mich und nehme das Verbrecherloos auf mich, den Schmerz, die Lästerung, die Schmach — Wohlthätig durchriesselt mich die Fieberglut — willkommen ist mir euer Hohn, ihr Menschen — süß klingt sogar die Lüge eures Mundes mir — denn diese äuß're Folter, sie betäubt — sie sänftigt die Qual, die wortlos nagende, in meinem I n n e r n —

Schwer ist meine Schuld — aber indem ich die ganze Bitterkeit der Galle schlürfe, mit welcher diese Stunde mich tränkt — und ganz ermesse die ungeheure Wucht des verdienten und des unverdienten Fluchs, der auf mir lastet, weht es wie ein sänftigender Hauch um meine heiße Stirn — ein Gnadenstral scheint sich herabzusenken — — mein Aug' wird trüb — meine Sinne verwirren sich wieder — — (in diesem Augenblick stürzt L e o n o r e herein; sie nähert sich ihm, halb schaudernd, halb hingezogen, tiefste Bewegung in Mienen und Gestalt. Er erblickt sie, in Fieberwahn versinkend) Wer kommt da? ist's der Todesengel? Wie hold er ist, der Friedensbote! Warst du mir so nah? Mir ist, als hätt' ich dich schon einmal gesehn — war's nicht in Montmorency's grünem Wald? (Leonore sinkt weinend an der Bahre nieder und ergreift seine Hand) Mein Haupt ist schwer — aber mein Herz wird leichter — unter den Schlangen, welche das Haupt der Erinnys gegen mich schüttelt, **fehlt die giftgeschwellteste**: jene, die in's Ohr des letzten Schlummers zischelt: **du warst ein Selbstling!** — Nein, sie ist nicht unter ihnen — sie nicht — — Und doch — und doch —

O schöner Todesengel — riesengroß
Und silberweiß sind deine Schwingen — Ach!
Du fegst den ganzen Sternenkehricht einst
Hinweg vom Himmelsraum, wenn ihn durchrauscht
Dein voller Flügelschwung — O streif' mir weg
Auch diese blutig=rothen Flecken da
Von meiner Hand mit diesen weißen Schwingen!
(ermattend)
Es brennt an mir — dies Blut, wie Höllenglut —
Seitdem ich weiß — daß es — **umsonst geflossen**. —

(Er sinkt zurück. Der Vorhang fällt.)

Ende.

Poetische Werke von Robert Hamerling

im Verlage von J. F. Richter in Hamburg.

Ahasver in Rom. Epische Dichtung in 6 Ges. (1866). Sechste Aufl. 1870. 1 Thlr. Eleg. geb. 1 Thlr. 10 Ngr. K. v. Thaler sagt in der „Deutschösterreichischen Revue": „Auf epischem Gebiete hat Deutsch Oesterreich im Jahre 1866 eine Leistung aufzuweisen, die zu den glänzendsten der neuesten deutschen Literatur zählt, ein Werk voll poetischer Kraft und geistiger Tiefe, dessen Gewalt die kleinen ästhetischen Seelchen ganz und gar zermalmt: Robert Hamerling's „Ahasver in Rom." — Der Stoff, von Manchen als zu wüst verworfen, sucht an Großartigkeit seines Gleichen; nur ein Dichter von Hamerling's Gedankentiefe konnte ihn gestalten. Erschütternd, ergreifend wirkt das Gedicht auf den Leser. Hamerling hat mit demselben sich und seinem Vaterlande hohe Ehre gemacht." —

Der König von Sion. Epische Dichtung in 10 Ges. 4. Aufl. 1870. 1 Thlr. Eleg. geb. 1 Thlr. 10 Ngr. A. Strodtmann im „Hamburger Correspondenten" vom 21. u. 22. Jänner 1869: „Der K. v. S. übertrifft den „Ahasver in Rom" noch bei Weitem an plastischer Gestaltungskraft und an Reinheit der epischen Behandlung. Europa (1869, Nr. 3): Fesselnd und mit sich fortziehend in jedem ihrer einzelnen Theile durch den bestrickenden Zauber origineller Natur-, Sitten- und Localschilderung, durch Gestaltenreichthum, drastischen Humor, Gewalt der Handlung und lebensvolle Charakteristik, ist diese Dichtung vor Allem bedeutsam durch ein harmonisch sich entwickelndes und zusammenschließendes Ganzes, auf dem in der That der thauige Frühlingsmorgenglanz, die unvergängliche Weihe einer wahrhaften Dichtung ruht."

Sinnen und Minnen. Ein Jugendleben in Liedern. Dritte (um die Hälfte vermehrte) Aufl. 1870. 1 Thlr. Eleg. geb. 1 Thlr. 10 Ngr. Die Erheiterungen (Stuttgart) sagen darüber: „Hamerling ist nicht nur ein echtes lyrisches Talent von entschiedenster Begabung, sondern auch ein Dichter von wirklicher Originalität . . . Insbesondere erfreute uns an seinen Sonetten der seltene Adel und Gehalt der Gedanken, neben der schönsten Zartheit und Reinheit der Form. Ueberhaupt tritt uns aus Hamerling's Gedichten überall eine Frische der Empfindung, eine Tiefe des Gefühls, ein Reichthum der Anschauungen und des inneren geistigen Lebens, so wie eine humanistische und künstlerische Durchbildung entgegen, welche diesen seinen Beitrag zur deutschen Literatur ungewöhnlich hoch stellen, und den Sänger bald zum gefeierten Liebling der deutschen Frauen machen werden In seinen Versen ist eine Musik der Sprache, wie sie nur selten einem Dichter gegönnt gewesen.

Gesammelte kleinere Dichtungen. (Venus im Exil — Ein Schwanenlied der Romantik — Germanenzug) 1871. 1 Thlr. Eleg. geb. mit dem Porträt des Dichters in Golddruck 1 Thlr. 10 Ngr. Die „Bl. f. lit. Unterh. sagten: „Wenn wir einer Dichtung von Robert Hamerling begegnen, da können wir überzeugt sein, eine wohlthuende Uebereinstimmung der schönsten Form und der edelsten, reinsten Gedanken zu finden. In seinen Gedichten ist ein Cultus der Schönheit, der den Leser ergreift und entzückt, und mit Bewunderung ihn lauschen läßt auf die vollendete Musik seiner Verse. — Strodtmann schrieb im „Orion": „Das Schwanenlied der Romantik ist eine Elegie von rein künstlerischer Form, in den schönsten Nibelungstrophen, die je ein moderner Poet gebaut hat, nun trotz des gedankenvollen Inhalts von einer Plastik der Schilderung, die überall den wahren Dichter erkennen läßt." — In einem kritischen Artikel der „Illustr. Ztg." wurde gesagt: „Man sollte meinen, daß die schönsten Einzelstellen des „Schwanenliedes der Romantik" nur mit der deutschen Sprache selbst untergehen könnten."

www.ingramcontent.com/pod-product-compliance
Lightning Source LLC
Chambersburg PA
CBHW030827230426
43667CB00008B/1413